i 世代投資・2

我是 i 世代 我理財 我有錢
我從 小額學習

easy go!

一步一步拆解範例

沒有理由不賺錢的

股價圖學習提案

●imoney123編輯部

目錄

目錄

01章

STOCK

學會股價圖
沒理由賺不到股票錢

Point 01 買賣股票，不看股價圖可以嗎？

本系列的第一本書「財富變多，學習變熱血，2000元開始的股票投資提案」內容詳細的解釋，股票投資重點就在「低價買好股票」，股票(企業)好不好著重在業績與競爭力，但價格低不低，除了可以用財務指標(如第一本書上所分析的PER、PBR等等)度量之外，直接回答股價便宜不便宜的就是股價圖了。

▷ 單單用基本分析做股票，在國內市場並不實際

如果把分析股市行情的方法分為兩大類，一類是研究政治、經濟、產業發展、獲利能力、財務能力等基本的分析；另外，只要不屬於基本分析的都可以叫技術分析，而技術分析最重要也最大的一塊就是股價圖分析。

初學者可能有這樣的疑惑，認為看股價圖買賣股票很荒謬，因為企業的實力又不會畫在股價圖上面。的確，很多重視學理的專家（例如學校的財經教授、經濟學家），把看股價圖視為比較「低階」的股票操作方法，甚至許多大師，如股神巴菲特也很明確的說，他是從不看股價圖的。

那麼，巴菲特不看股價圖卻能操作獲利的真相是什麼呢？

第一，巴菲特所處的投資環境叫「美國」。以巴菲特持股最多的可口可樂為例，這一家公司有上百年的歷史(1886年成立)，喜歡研究

基本面的巴菲特可以有足夠的財務資料為素材，建立他的投資信心與投資標準。但要在國內做相對應的選股，有這樣子的公司嗎？

第二，美國股市以紐約證券交易所為例，它開始於1792，至今(2012年)有220年歷史。台灣的證券交易所最早的歷史是民國51年，也就是1962年，至今只有短短的50年歷史。從交易歷史、交易規模來看，幾乎不能相提並論。巴菲特的交易策略即使超級完美，在一個新興市場適合嗎？這是投資人要想清楚的事。

第三，巴菲特曾說過「對於那些偉大公司的股票，你永遠不能賣出。」這句話說得多好啊！以可口可樂為例，他從1986年就持有，至今已經26個年頭，他還是繼續持有。國內就算是有偉大的公司，且換了幾次的執行長、董事長後假設公司還能繼續偉大(基本上，要孚合這項條件本身就是鳳毛麟角)，但身為投資人的你，是否有足夠的耐性可以持有同一檔股票超過26年？

簡言之，單單利用基本分析操作股票，學理上是行得通的，但現實有很多不切實際，需要投資人先理清事實，若你還是覺得「對，我就是要學巴菲特的投資理念，買『公司』不是買『股票』」，那麼，前題是你得先擁有一筆完全的閒錢，再來，你得對行情暫時(有可能是兩、三年)的波動無動於衷，並且，還要所投資的標的真的是一家具有獨特利基、難以被市場取代的優質公司。

本節附三檔範例，第一個範例是台積電1994～2012的還原月線圖

(詳見下一節的說明)，18年來，若投資人早期就介入台積電且長期持有，獲利有數十倍，但從它的月線圖(見小圖)來看，18年來台積電市場的價格波動，也夠考驗投資人信心了，若不是對台積電的經營團隊與產業發展有十足的信心，一般散戶要能長抱台積電還真不容易。

* **範例：台積電(2330)還原月線圖＋月線圖**

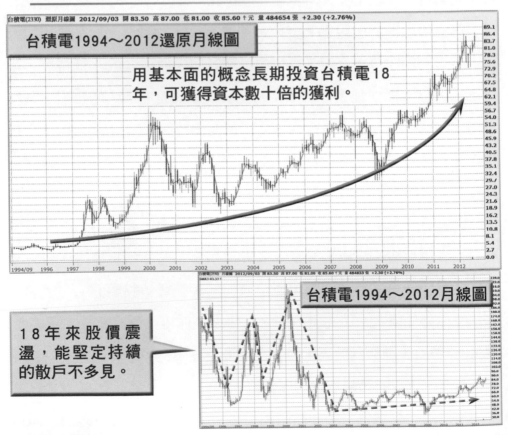

台積電1994～2012還原月線圖

用基本面的概念長期投資台積電18年，可獲得資本數十倍的獲利。

台積電1994～2012月線圖

18年來股價震盪，能堅定持續的散戶不多見。

第二檔是台塑（從1987～2012）還原權息後，25年的股價也是倍翻的，但長長的25年，行情上上下下波動，對一般投資散戶而言，要能堅持不賣還真是需要很大的定力。

*　範例：台塑(1301)還原月線圖＋月線圖

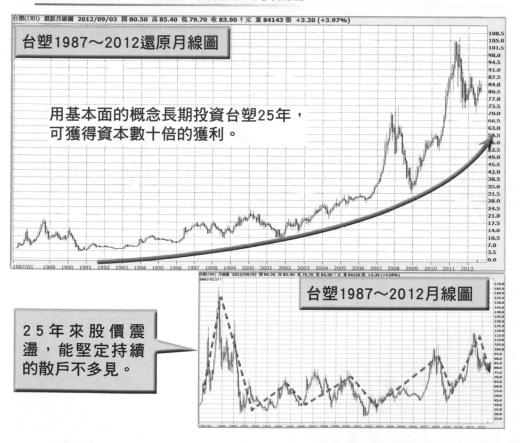

台塑1987～2012還原月線圖

用基本面的概念長期投資台塑25年，可獲得資本數十倍的獲利。

台塑1987～2012月線圖

25年來股價震盪，能堅定持續的散戶不多見。

　　第三檔是華碩，假設投資人買進的時間點不對，長抱10幾年不但股票價差沒有賺到，股息也賺不到。

＊ **範例：華碩(2357)還原月線圖＋月線圖**

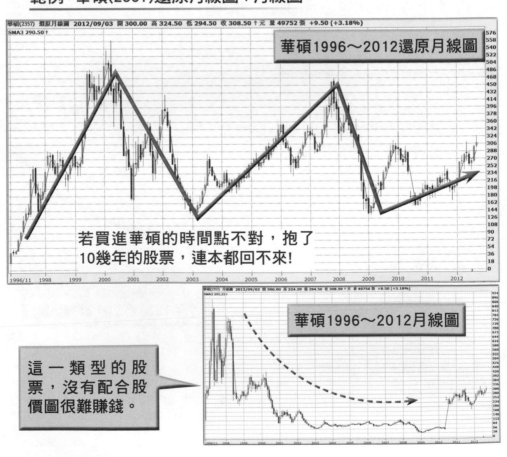

華碩1996～2012還原月線圖

若買進華碩的時間點不對，抱了10幾年的股票，連本都回不來！

華碩1996～2012月線圖

這一類型的股票，沒有配合股價圖很難賺錢。

02 請比較還原K線與一般K線。

　　K線在本書之後的幾章會有詳細的說明，在這裡讀者可以先把它理解成一種記錄股價的方式。一般投資人從網路上看到的「K線圖」就是記錄當下股票價格的圖表。那什麼是「還原K線圖」呢？

　　購買股票當企業有獲利時公司會配發股利，也就是「配股」，配股的比例一般稱之為「權值」，例如，一家企業今年配發5元的股票股利，權值就是5元。因著配發股票股利而引起的股價調整稱之為「除權調整」，因配發現金股利而引起的股價調整稱之為「除息調整」，也就是企業配發股息前、後，股價要向下調整。因此，在除權息日前、後，從股價圖上看就會有一個下向缺口的「洞」，之後如果行情上漲到除權息前的價位，就是所謂的「填權」。

　　為了要看出實際投資個股的真實報酬，使除權前、後的市場是一樣的，且使股價圖從線圖上看起來是連續的，就必需要在股價圖上做調整，把原先股價向下調整的價格缺口補起來再重新計算價格，也就是追溯除權息前的價格調整，重新再畫K線，有的看盤軟體就稱之為「還原K線」，也有人稱呼它叫「權值還原調整」。現在有愈來愈多的看盤軟體會多在一般的K線之外，還會附上這樣的K線。

　　一般的K線橫軸是日期，縱軸是當時的市價，但還原K線的縱軸並不是絕對價格，是而相對刻度，以台積電的還原月K線為例，相對於2012/9/21日買進台積電需要85.7元(當天的市價)，1994/9/30的台積電的每股持有成本只有2.83元。1994/9/30當天台積電市價是171元，比

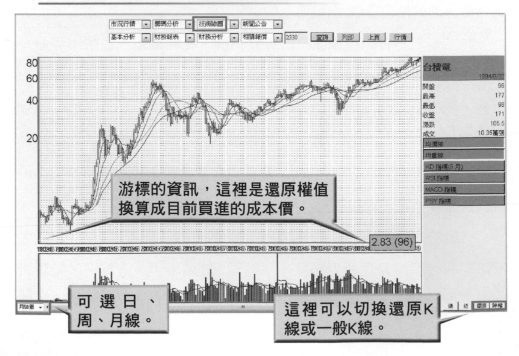

現在的85.7元還要「貴」，但為什麼換算出來的持有成本只有2.83元呢？那是因為歷經1994年至2012年18年的配股配息後，換算成目前每股買進成本85.7元，當年的買進成本只有2.83元。因此，若要論長期投資的效益，18年來投資人獲利率達(85.7－2.83)÷2.83＝29.8倍。

還原K線常用在評估長期投資報酬率，因為還原權值後許多看似沒有投資效益的個股，事實上把歷年來的配息配股算上去，報酬都高於定存。券商軟體有些附有這項功能，本例是Yam蕃薯藤股市的線圖。搜尋路徑是：yam 蕃薯藤（http：//money.yam.com）→個股技術線圖。

＊ 還原權值後可看出長期投資的效益好不好

游標的資訊，這裡是還原權值換算成目前買進的成本價。

2.83 (96)

可選日、周、月線。

這裡可以切換還原K線或一般K線。

03　股價圖的功能是什麼？

　　股價的漲跌，絕對沒有單一因素、單一分析可以完全掌握，即使是違法採內線交易，在操控行情前那一雙無形的「黑手」，也一面要考量企業的基本面，一面考量技術面，兩者無法有一方偏廢。

▷　股價圖的三種功能

　　雖說基本面與技術面同等重要，但兩者相較，基本面對一般散戶來講深奧得多，舉例來說，外資與大法人可以投入很多的人力，對產業、個股進行研究，用財務模型反推股票「值多少錢」，合於他們選擇的個股可能會採取長抱不賣達數十年的策略，但當企業在產業競爭力上無法滿足法人的預期，也會被法人賣出。雖然散戶也可以進行類似的基本面分析，但除非剛好本身是「行內人」否則要做到這樣子的程度是背離現實的。相對的，學習技術面投資技巧，即使個人不具財經背景還是可以有效、便捷的學習。因為股市的「故事」都已經被「寫」在股價圖表上了，它不但反應了行情過去的價格波動，也提供投資人素材以預期未來的走勢。

　　信奉基本面價值投資的股神巴菲特曾說：「對我而言，股市根本不存在，它只不過在證明是否有人做了什麼傻事。」的確，股價到了某個階段已經完全脫離基本面（也就是巴菲特所說的『傻事』），此時，當然就得靠技術分析來操作了－－辨認圖表的走勢，以利投資行

為的決策，最終是獲取利潤。

歸納起來，看股價圖的目的有三點：

(1)反應股票市場與價格的波動

股價圖被設計成孚合不同交易策略與需求的圖表，投資人只要看股價圖，就知道過去一段時間股市多、空交手的情況如何？人氣旺不旺？投資人心理是急切的想要成交？還是慢悠悠的觀望？

(2)預測市場與價格的未來走向

未來波動是向上、向下、還是持平？既有的趨勢能持續多久？即將反轉嗎？還是視其他條件而定？

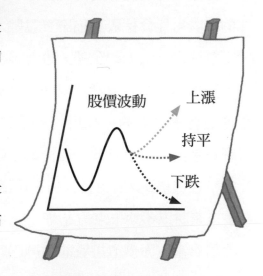

(3)掌握股票買賣時機

股價圖最終存在的重要目的是讓投資人可以依此制定計畫、評估風險並儘量避開陷阱。

評估股票買賣時機的方法有很多，股價圖算得上是一流的工具！它有兩大功效－－第一，抓住進出場點；第二，抓住行情轉折點。

也可以更濃縮點說，就是選對買賣時機！

▷ 股價圖的功效一：抓住進、出場好時機

投資人如果採取短期交易策略的話「抓住好時機」尤為重要。

舉兩個極端的例子。

比如，業績一塌糊塗的股票，只要能順利抓住時機，就能獲得利潤；相反的，即使買到了很好的股票，時機如果不對還是易虧損。

當然，尋找優良股也很重要（編按：建議可參考「股票超入門3：基本分析篇」/249元/恆兆文化出版），對於股市生手而言，要先確認自己的投資偏好是長期投資？還是短期交易，如果你只想賺取低買高賣的價差可以說還是以「抓住好時機」為主，以「尋找好股票」為輔；相反的，若你計畫長期投資，那麼要以「尋找好股票」為主。

可是，不管你採用的是那一種交易方式，如果交易時機不對，投資效率就會降低。就算在長期投資中「抓住好時機」也十分重要。

但有些國外大型投資機構其投資策略較不重視「時機」，他們是透過縝密而繁複的計算公式評估出企業的「價值」，進行十年甚至更長的投資，那種大型外資法人的投資手法就另當別論了。

　　簡單來說，當那些大型外資認為某一家企業內在價值是200元/股時(這個目標也許5年、10年之後才能達到)而現在股價只有60元，他們即進行策略性的買進，此時股價不管已經漲到100元還是跌到50元，對他們都沒有影響，立場就是買、買、買。但一般散戶就不能不重視「抓住好時機」以發揮交易威力了，別說60元買與100元買差很多，就只差1元、0.5元也關係著買賣的成敗。

　　因此，每位股市投資人都得學會看股價圖，股價圖是記錄過去股價變動的圖表，從股價圖中可以讀取股價走勢和規律！

＊　就算要長期投資，懂得找對低價進場點，成本也差很多

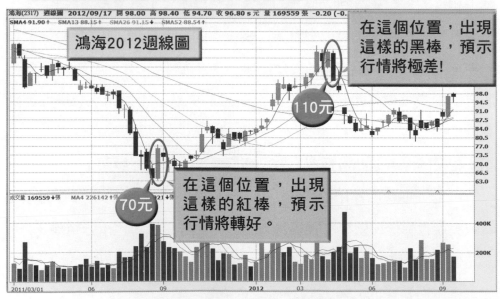

存了一筆錢，心裡就是想買鴻海，看不懂股價圖的可能買在110元，看懂了，可能買在70元……

▷ 股價圖的功效二：抓住行情轉折點

提高買賣股票的勝率，應該在確認走勢的同時抓住「轉折點」。

轉折點就是行情轉捩點，是大多投資者在意的股價水準。

股價的轉折點也就是在這個價位點，不管買方或賣方，都在等待態勢明朗，以便採取下一個動作。也就是說，轉折點是趨勢中止的價格。走勢一旦在這一點停止，就可能反轉；但跨得過這個轉折點沒有反轉的，股價可能將有另一番天地。

知道「轉折點」，對掌握交易時機很重要。股價下跌時，轉折點就是買進時機，因為行情可能在轉折點處停止下跌，走勢反轉向上；股價上漲時，轉折點就是賣出點，行情可能在轉折點處停止上漲反轉向下。股價也可能以轉折點為轉捩向上突破（向上強力發揮作用），若是如此，可以看作是上漲走勢持續，是買進信號；股價向下跌破轉折點（向下強力發揮了作用）時，也可以當做是賣出的信號。

什麼樣的點是轉折點呢？作為轉折點最常見的有——

(1)過去的高價和低價。

(2)過去波動頻繁的價格帶。

(3)主要的移動平均線(如月線、季線、年線…等）。

(4)趨勢線。

僅僅注意上述的這幾點，交易技術就能大大提高。

下圖是2012/9/21台積電的日線圖，股價圖上標示了20日移動平均線(一般稱為「月線」)和60日移動平均線(一般稱為「季線」)與技術線圖MACD、KD，如果你採行細緻的戰略進行交易，就要留意這些股票轉折價位。那麼，如何捉轉折價位呢?

除了上述的四個轉捩點之外，其他像K線的形狀與排列，股價走勢的型態，都是投資人掌握行情走勢的參考點。

＊ 價格變動容易在「轉折點」處反轉!

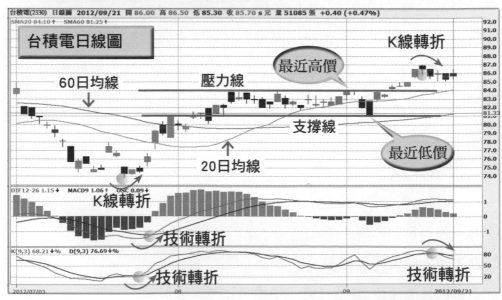

在股價接近重要移動平均線、趨勢線的地方，過去的高價和低價、波動頻繁的價格帶都是「轉折點」!

股價圖（技術分析）的立論根據是什麼？

掌握股價很難。厲害的人，能準七成就算高手了。但即使高手善於從股價圖預測行情，也僅建立在「假設」上面。

只要是假設的東西，就有風險，但好處是面對完全無法預料的價格走勢，可以採用已知股價的變化、量的變化透過統計學與數學方式計算出參考值，借以推測股價走向。

歸納起來，股價圖（也就是技術分析）的假設架構在以下六個假設中：

▷ 股價圖分析理論的六個假設

・第一個假設──

假設股價由市場的供給與需求兩股力量所決定。也就是當買方強股價上升；賣方強股價就下跌，且兩種力量最後的結果將表現在圖形上。供需關係包括受理性與非理性影響。理性的包括會做齊基本分析再進行買賣的投資人，不理性的指的是不清楚情況就買賣的投資人。

・第二個假設──

假設一切影響行情最後的交戰結果就表現在股價上。這對圖表分析而言是很重要的一個假設，也就是不管是國內的、國外的、理性的、非理性的、系統的、非系統的……，最終所有力道拉扯的結果必

定反應在股價上。如果這個假設成立，那麼，反過來說，是不是只要掌握住已知的買賣行動就可以比較有根據的猜測投資人的下一步呢？

・第三個假設－－

假設股價波動是有一定趨勢的。技術分析的擁護者認為，部份投資人的決定可能完全沒有邏輯，可是有目的性的投資人還是佔多數，因此，反映在股市上還是會形成有邏輯的趨勢。否則，若股價的波動完全不循任何依據只是隨機產生，那麼也沒有必要研究股價圖了。

・第四個假設－－

假設股市的主要趨勢是存在的，而且它跟短期的、新聞性的波動不同，可以持續一段較長的時間，因此，掌握住趨勢讓低買高賣的獲利模式變成可能而非空中樓閣。

・第五個假設－－

假設股價趨勢的型態是會有歷史重復性的，所以，透過辨識歷史型態，能掌握住股價的下一步。

・第六個假設－－

假設透過股價圖能掌握住市場主要的買、賣者如法人、外資、投

信等的動向，對一般投資人而言，就是能透過圖表而看到「聰明錢」
的運動方向。

▷　股價圖分析的侷限

當然，股價圖分析也是有侷限的，就如前面所說，它是建立在
「假設」上，因此，只要不是100%的東西，必然有風險。

・第一個侷限－－

股價圖分析只提供參考與較可能機會點，並不保證學通了就會賺
到錢。

・第二個侷限－－

圖表只提供破解股市(股價)秘密的線索，但畢竟只是線索而非一定
如此。

・第三個侷限－－

分析圖表可以評估風險，但沒辦法預知突發情況。因此，即使技
術分析很厲害的人，也無法不看新聞與基本面。

02 章

STOCK

一步一步拆解
K線獲利機密全掌握

Point **01** 股價圖中，K線的功能是什麼？

K線的功能非常很多。最基本的是當投資人想看一下最近行情的變化時，打開K線圖，就能一目了然，另外，根據這些K線的變化，也能做為推斷未來行情的參考。例如，如果你問一位熟悉股價圖的朋友：出現大陽線或長下影線，這樣的K線代表什麼？

他可能會回答你：

「低價圈出現的大陽線多半是轉入上漲的標誌。」

「但是，大陽線如果出現在高價圈，反而是標誌著上漲能量殆盡＝頂點（從這裏折回，轉入下跌）的情況。」

「至於，長下影線的出現一般意味著有人在股價打到低點時進場買入。不過，在持續上漲的尾聲，也就是在高價處出現的長下影線，很有可能就是股價崩潰的先兆。尤其之後的股價若跌至下影線以下，標誌著走勢已經轉為下跌……。」

從上面簡單的陳述可以看出，即使是相同的K線形狀，出現在高價圈或是出現在低價圈，表示的意思也不一樣。

許多害怕看股價圖，不喜歡技術分析的投資人都被市面上密密麻麻的股價圖型給「嚇」跑了，其實讀者只要了解原則，就能巧妙的運用，死背死記是沒有用的。

K線對於投資人而言是個神祕而有趣的世界，看起來有規則但又有很多「但書」，值得投資人慢慢研究。

非學「K線」不可嗎？只知道價格難道不夠嗎？

　　投資人可以只看價格就憑感覺交易，但K線有個無法被取代的好處－－若不是因著看K線，除非你一直盯著盤，否則就無法知道行情形成的過程。

　　例如，前一天的收盤價是49.5元，今天漲了一塊錢，也就是行情收盤在50.5元，光從文字敘述或看股價圖，都只能知道，行情就是「漲了一元」，但它形成的背景卻有很多種：

▷ **除了記錄終價，K線更進一步表示價格形成的過程**

　　第一種，開盤很低只有47.5元，但盤中一路上漲，漲到了50.5元。

　　第二種，開盤很高在52.5，但盤中卻守不住好氣勢跌到50.5元。

　　第三種，以平盤49.5元開出，一路上衝到52.5元，但受到獲利了結的賣壓，最後守不住高價而跌到50.5元。

　　第四種，以平盤49.5元開出，恐慌的下跌到47.5元，之後利空消息被證明子虛烏有，行情強力上升，收在50.5元。

　　K線的好處是，不單記錄行情，也進一步解釋最後形成價格的背景，因為一根K線已經將開盤、收盤、最高、最低價表示出來。

　　對於長期投資者，K線尚不算很重要，但對於目的只在獲取短期價差的投資人，則非常重要。

* **同樣是「比前一天上漲1元」的情況，但行情經歷卻不同**

① **開盤價**49.5元→**收盤價**50.5元

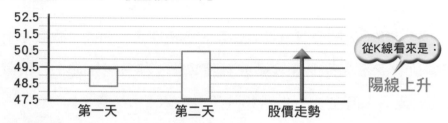

② **開盤價**52.5元→**收盤價**50.5元

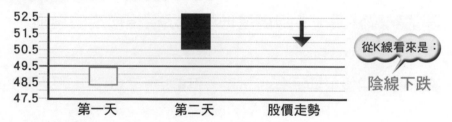

③ **開盤價**49.5元→**衝到**52.5元→**收盤價**50.5元

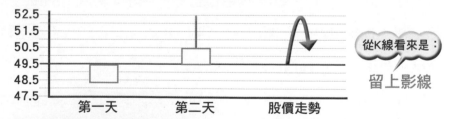

④ **開盤價**49.5元→**下跌到**47.5元→**收盤價**50.5元

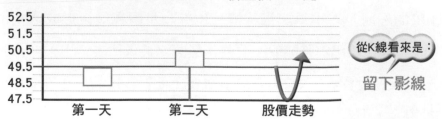

K線是記錄價格波動的標示，據說，K線是日本的米市早期用來記錄價格的工具，現在則普遍用在股票、期貨等金融交易上。

K線的畫法很簡單，只要掌握住「開盤價、收盤價、最高價、最低價」這四個價位，之後把開盤價與收盤價之間塗上顏色即可。

一般看到的K線就像根桿麵棍一樣，桿麵棍的上、下兩端是最高價與最低價，中間實體的部份是開盤價與收盤價。最高價與實體間留下的細線就稱為上影線；最低價與實體之間留下的細線就稱為下影線。

當收盤價高於開盤價畫出來的K線就稱為「陽線」，收盤價低於開盤價畫出來的K線就稱為「陰線」，依照看盤軟體的不同，一般陽線用紅色表示、陰線用黑色表示，也有陽線用橘色表示、陰線用綠色表示……不一而足，現在很多看盤軟體更進步了，它們開放讓投資人自己選擇標示K線的顏色。投資人了解K線繪製原則後，將來不管看到什麼顏色的圖都能看得懂。

· 收盤下跌作收**陰線**

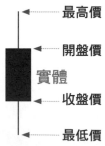

- 最高價
- 開盤價
- 實體
- 收盤價
- 最低價

· 收盤上漲作收**陽線**

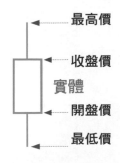

- 最高價
- 收盤價
- 實體
- 開盤價
- 最低價

Point **04** **日線、週線、月線是什麼意思？**

　　K線記錄價格，如果以一天為記錄時間段，畫出來的就是日K線，如果用一週的交易行情為記錄時間段，畫出來的就是週K線，同樣的原理，還有月K線(每一個月畫一根K棒)、60分K線(每一個小時畫一根K棒)、15分K線(每15分鐘畫一根K棒)、5分鐘K線(每5分鐘畫一根K棒)……依此類推。

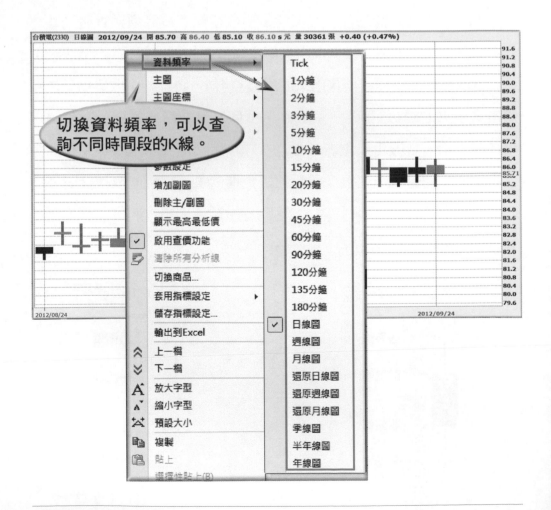

切換資料頻率，可以查詢不同時間段的K線。

※ **(範例)每日股價走勢所畫成K線：日線圖**

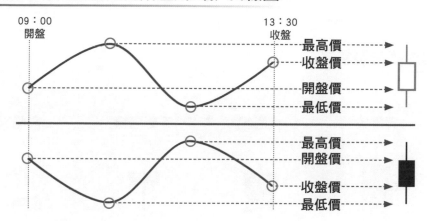

※ **(範例)每週股價走勢所畫成K線：週線圖**

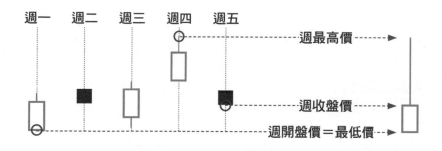

※ **(範例)月K線的畫法：月線圖**

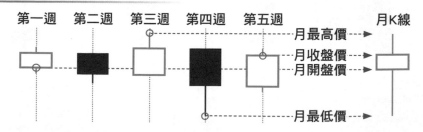

Point **05** **陽線與陰線一共有幾種圖形？還有它們簡要的意義。**

簡單的歸類K線型態一共有三大類型，分述如下－－

* **陽線圖形解析**

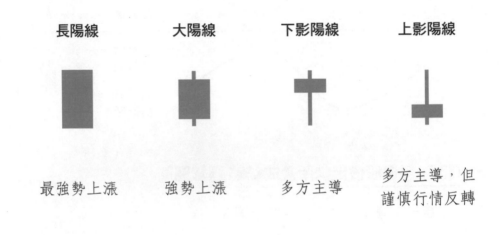

長陽線	大陽線	下影陽線	上影陽線
最強勢上漲	強勢上漲	多方主導	多方主導，但謹慎行情反轉

* **陰線圖形解析**

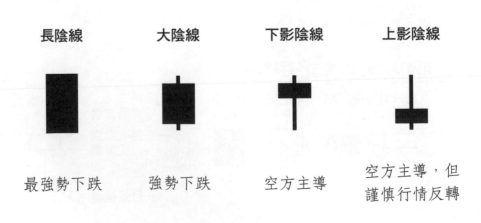

長陰線	大陰線	下影陰線	上影陰線
最強勢下跌	強勢下跌	空方主導	空方主導，但謹慎行情反轉

* 十字線圖形解析

四值同時線	T字線	倒T字線	十字線
─	┬	┴	┼
極強 或 極弱	買賣均強	買賣均強	買賣攻防 暗示變盤

Key-Word

高(低)價圈

高價圈是指股價持續上漲一段時間到達較高價格位置。低價圈是指股價持續下跌一段時間到達較低價格。比如，「一年初以來的高價圈」就是今年的股價變動中出現的最高股價帶。

上影線、下影線

上影線代表股價衝上最高點後拉回到實體的幅度。所以，上影線愈長，表示股價衝高後向下修正的幅度愈大，也就是在那一個區域有人被套牢。因此，如果期待股價往上衝的話，上影線要愈短愈好。

下影線代表股價下跌到最低點後拉回到實體的幅度。所以，下影線愈長，表示股價下跌後獲得支撐反彈的幅度愈大。

陽線出現的位置不同，該如何判斷?

以下先用長陽線（日線）做為說明範例，讀者再自行把長陽線的意義擴展到其他陽線，依此類推。

先來看以下的附圖。這一檔股票從早上9點開盤100元，盤中強力上升，一口氣漲到了104元，一直到收盤都維持在104元，於是當天從日線圖上來看，出現了一根長陽線。

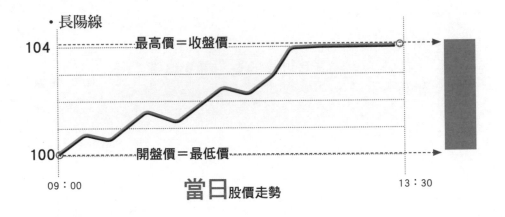

開盤價是最低價，收盤價是最高價，這種情況沒有上、下影線。先看單一根長陽線，投資人可以感受當天盤中的氣氛，行情一路上升，可見投資人心理是——

「價錢貴沒有關係，只要能買得到就好了，再貴都要買……。」

這種不惜現金、迫切想擁有股票的勢態，說明市場行情的動能很強，買方有強力的需求，買方既積極又主動。至少，在長陽線出現的時間裡，參與競價的買方持有股票的心態是積極的。

可是，能因此就判斷明天（後市）就會繼續上漲嗎？

不是的。

投資人不能因為長陽線的出現就如此武斷的看待行情。

股票市場猶如戰場，既是打仗就必有對立的兩方。股市對立的兩方，一個是看好行情會繼續上漲的「多方」；一個是看壞行情將下跌的「空方」。當多方戰勝了，行情就暫時上升了，當空方戰勝，行情就暫時下跌。股價的波動，多、空雙方的交戰猶如兩位拳擊手在戰場上搏擊，雖然每一局都得分出勝負，但任何一方的力量（資源）都不可能無限制的供給，也許連續好幾回合多方勝了，但多方總不可能永無止境的保持勝利。相反的，若是空方獲勝的情況也一樣。

* 行情變化猶如多、空兩方的拳擊賽，沒有永遠都得分的一方

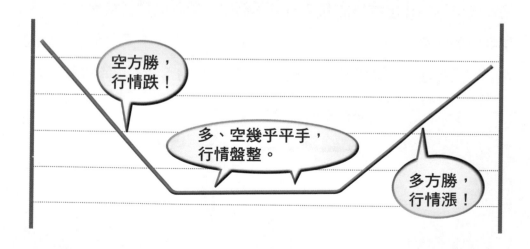

因此，當長陽線出現在以下不同位置時，投資人可以根據下述的行情推斷考慮未來的價格走勢。

▷ **長陽出現在三種行情位置時，不同的行情判斷方法**

①長陽線出現在一段盤整行情之後→是上漲的前兆。

拳擊賽時，多方、空方兩位選手在場上大戰了好幾回合，雙方不分軒輊，實力平分秋色，但突然多方來一拳重炮攻擊，把空方氣勢完全壓制住，多方取得一記大勝。

這場比賽接著下來，會是誰獲勝呢？

一來，空方應該會被嚇一跳吧！

二來，在長時間的平分秋色後，多方既然有能力給空方重擊，可能背後已經有什麼特殊的利多消息（例如，營收成長、接獲大單、某種重要的研發成功……），只是尚未被全面曝光，但「內部消息靈通人士」已經搶先一步取得訊息。因此，接下來的行情有可能續漲。

一段持平的行情之後＋大陽線

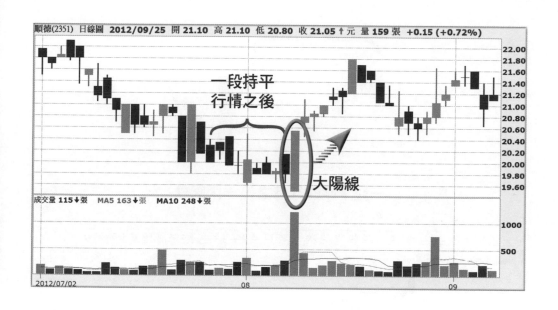

順德(2351) 日線圖 2012/09/25 開 21.10 高 21.10 低 20.80 收 21.05 ↑元 量 159 張 +0.15 (+0.72%)

一段持平
行情之後

大陽線

成交量 115↓張　MA5 163↓張　MA10 248↓張

2012/07/02

②長陽線出現在一段低迷行情之後→是上漲的前兆。

拳擊賽時，多方一路被空方壓著打，空方會如此囂張，可能是利空消息不斷，使得多方一步步敗陣下來，雖然多方在長時間的失敗下氣勢很弱，但隨著空方大勝，也表示價格愈來愈低，究竟價格低到什麼程度，對多方來講才叫有利潤呢？誰也不知道，但可以知道的是，在弱勢的行情中，若出現多頭全面壓制空頭的長陽線出現，說明以下兩種可能：

第一，價格低到有利多頭持有，於是多頭全面反擊拉出長陽線！

第二，有可能是先前利空消息已經「利空出盡」，多頭開始反擊。因此，接下來行情也可能出現反彈，或全面上揚。

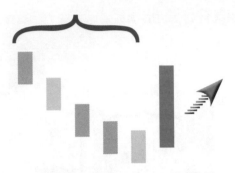

一段下跌的行情之後 ＋大陽線

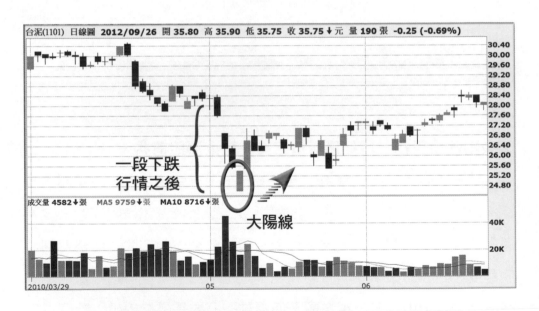

台泥(1101) 日線圖 2012/09/26 開 35.80 高 35.90 低 35.75 收 35.75 ↓元 量 190 張 -0.25 (-0.69%)

一段下跌
行情之後

大陽線

成交量 4582↓張　MA5 9759↓張　MA10 8716↓張

2010/03/29

③長陽線出現在一段上漲行情之後→是下跌的前兆。

　　之前的兩種情況是「贏了之後再繼續贏」，但第三種情況是本來已經贏了，還在最已經贏了的路上，再大大的贏了一把。

　　這場比賽接著下來，會是誰獲勝呢？

試想，一位已贏戰好幾回合的拳擊手，在使盡全力的再大贏一擊之後，很可能再繼續壓倒對方的力氣已經用盡了。這就像多、空戰場的股票，多頭把行情挺高到一個地步，最後一擊把行情急拉到出現大陽線，此時，即使行情仍被看好，但心想「賺這麼多，該獲利了結吧！」的人應該會很多，因此，行情就算不立刻下跌，也要先休息。

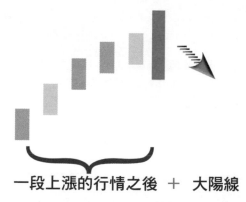

一段上漲的行情之後　＋　大陽線

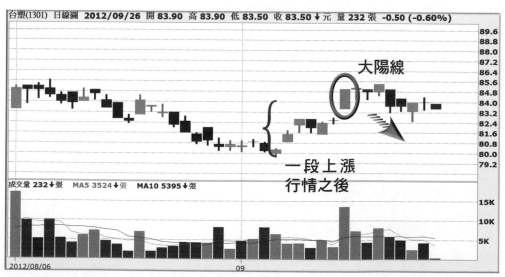

陰線出現的位置不同，該如何判斷?

以下先用長陰線（日線）做為說明範例，讀者再自行把長陰線的意義擴展到其他陰線，依此類推。

先來看以下的附圖。這一檔股票從早上9點開盤104元，盤中強力下跌，一口氣跌到了100元，一直到收盤都維持在100元，於是當天從日線圖上來看，出現了一根長陰線。

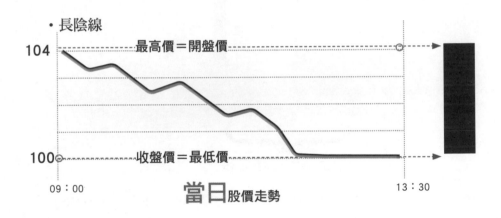

開盤價是最高價，收盤價是最低價，這種情況沒有上、下影線。先看單一根長陰線，投資人可以感受當天盤中的氣氛，行情一路向下，可見投資人心理是－－

「價錢便宜沒有關係，只要能賣得掉就好，再低都要賣……。」

這種不惜股票、迫切想要「變現」的勢態，說明市場行情的氣氛很悲觀，賣方有強力把股票換現金的急迫感，因此不計行情是否低，

賣出的態度積極又主動。至少，在長陰線出現的時間裡，參與競價的
賣方想「變現」的心態是積極的。

可是，能因此就判斷明天（後市）就會繼續下跌嗎？

不是的。

投資人不能因為長陰線的出現就如此武斷的看待行情。

當長陰線出現在以下不同位置時，投資人可以根據下述的行情考
慮未來的價格走勢。

▷ **長陰出現在三種行情位置時，不同的判斷方法**

①長陰線出現在一段盤整行情之後→是下跌的前兆。

拳擊賽時，多方、空方兩位選手在場上大戰了好幾回合，雙方不
分軒輊，實力平分秋色，但突然空方來一拳重炮攻擊，把多方氣勢完
全壓制住，空方取得一記大勝。

這場比賽接著下來，會是誰獲勝呢？

一來，多方應該會被嚇一跳吧！

二來，在長時間的平分秋色後，空方既然有能力給多方重擊，可
能背後已經有什麼特殊的利空消息（例如，營收衰退、遭重要客戶解
約、某重要分析師發出不利的調查報告……），只是尚未被全面曝
光，但「內部消息靈通人士」已經搶先一步取得訊息。因此，接下來

的行情有可能續跌。

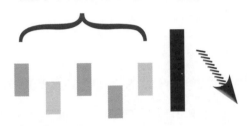

一段持平的行情之後＋大陰線

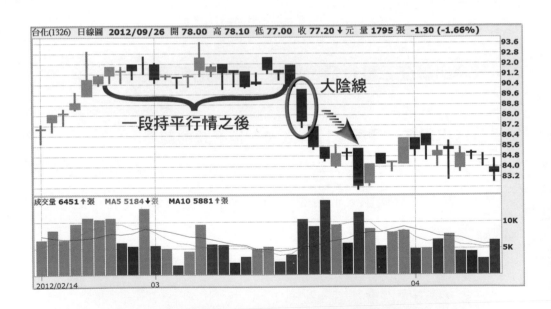

②長陰線出現在一段上漲行情之後→是下跌的前兆。

　　拳擊賽時，空方一路被多方壓著打，多方會如此囂張，可能是有

利多消息撐腰，使得空方一步步敗陣下來，雖然空方在長時間的失敗

下氣勢很弱，但隨著多方大勝，也表示價格愈來愈貴，究竟價格高到

什麼程度，會吸引投資人拋棄持股套現呢?誰也不知道，但可以知道的是，在強勢的行情中，若出現空頭全面壓制多頭的長陰線出現，接下來行情也可能出現逢高的調節賣壓，或行情開始全面下挫。

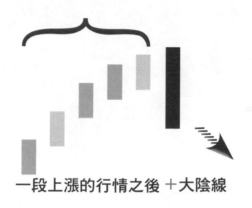

一段上漲的行情之後 ＋大陰線

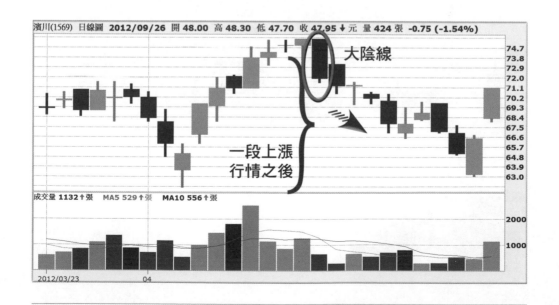

③長陰線出現在一段下跌行情之後→是上漲的前兆。

　　之前的兩種情況是「弱了之後行情續弱」，但第三種情況是本來已經很弱的行情，經空方奮力一搏，接下來，空方有可能力道用盡，而出現行情跌多反彈。畢竟，市場上總會出現「跌這麼多，價格夠低了吧！」的撿便宜投資人。

一段下跌的行情之後　＋　大陰線

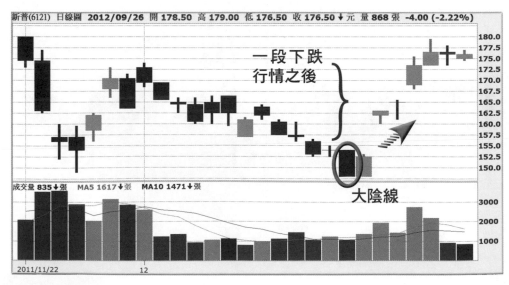

新普(6121) 日線圖 2012/09/26 開 178.50 高 179.00 低 176.50 收 176.50 ↓元 量 868 張 -4.00 (-2.22%)

一段下跌
行情之後

大陰線

成交量 835↓張　MA5 1617↓張　MA10 1471↓張

2011/11/22　　　12

上影線出現的位置不同，該如何判斷？

　　判斷帶著上影線的K線對新手有兩點先要清楚，第一，上影線的長度愈長，愈有代表性；第二，若是上影線很長，實體很短的話，實體是陽線還是陰線不是那麼重要。

　　先來看以下的附圖。這一檔股票早上9點開盤100元，盤中曾上漲到104元，看起來買氣積極，但最後後繼無力，行情下跌到99元，當天的K線是一根帶長上影線的陰線。

　　看到行情出現長上影線的K線時，投資人腦中應該立刻回想形成這根K線的當日走勢圖，下圖採用模擬方式，揣測價位變化時，投資人的心理情況，總之，就是曾經對行情抱著熱切的期待，但在很短的時間，期待落空，價格又回到接近原點。

・出現上影線的投資者心理

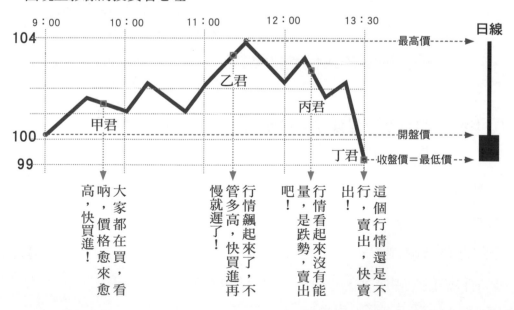

出現長上影線，投資人無法立刻判斷接下來的行情將如何，只能說，行情再向上升的話，是有壓力的，但壓力的強度如何，一來要看出現上影線的位置，如果它出現的位置是在上升很久的末升段，有可能長上影線出現的價位就是「見頂」了，多頭很難再繼續進攻。因此，我們可以把出現上影線的位置想像成是一面牆壁，上影線的長度愈長，表示牆壁愈厚，相對的，上影線的長度愈短，表示牆壁愈薄。

不管牆壁厚、薄(上影線長或短)，若在出現長上影線的下一根K線，收盤價高過上影線的最高價，那麼，可以初步判斷，儘管高價圈有空頭賣壓構築的牆壁，但多頭的力道已經順利攻克了。那麼，接下來行情還是有可能繼續上漲。

歸納起來，長上影線的價格分析有以下幾項重點－－

▷ 出現長上影線的兩個判斷要點

①上影線的長度，是繼續上漲壓力的強度（牆壁厚度）。

上影線的出現，可以將其視為行情上檔有壓力，若是上影線短，可算是薄的牆壁，薄的牆壁容易被多頭力道打穿，不構成太大的上漲壓力。

若是上影線長，可算是厚的牆壁，厚的牆壁不容易被多頭力道打穿，將構成上漲壓力，股價容易被厚牆壁壓回來。

長上影線＝厚牆厚＝不容易繼續上漲

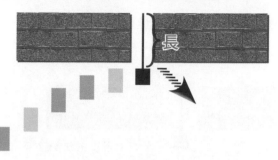

短上影線＝薄牆厚＝壓力小

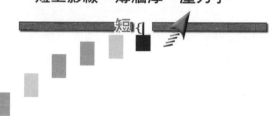

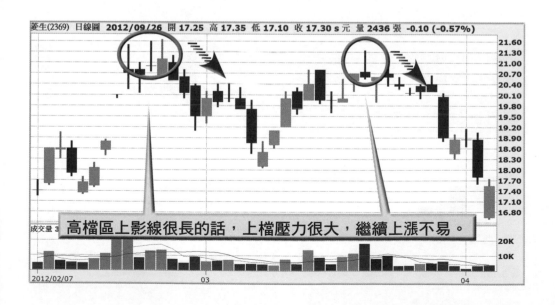

高檔區上影線很長的話，上檔壓力很大，繼續上漲不易。

②若上影線的最高點被下一根K線的收盤價蓋過去，上漲壓力（牆壁）就被打穿了，投資人應視為可能還會繼續出現高價。

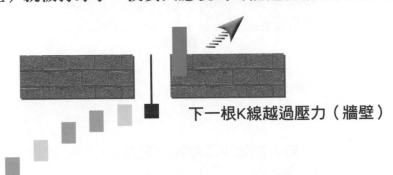

下一根K線越過壓力（牆壁）

若出現了高檔區很長的上影線，是不是一定會下跌呢？不一定。

雖然行情看起來上檔壓力大，但也會發生繼續上漲的現象，尤其它的下一根K線收盤價高過上影線的最高點，說明上漲勢頭仍很強，投資人不可以死硬的認為高檔區出現長上影線必然下跌的武斷判斷。

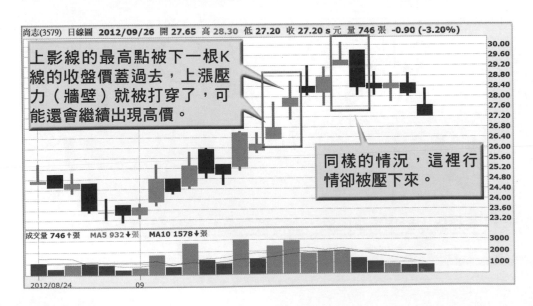

上影線的最高點被下一根K線的收盤價蓋過去，上漲壓力（牆壁）就被打穿了，可能還會繼續出現高價。

同樣的情況，這裡行情卻被壓下來。

下影線出現的位置不同，該如何判斷？

判斷帶著下影線的K線對新手有兩點先要清楚，第一，下影線的長度愈長，愈有代表性；第二，若是下影線很長，實體很短的話，實體是陽線還是陰線不是那麼重要。

先來看以下的附圖。這一檔股票早上9點開盤100元，盤中曾下跌到99元，看起來空頭氣焰高漲，但之後空方後繼無力，行情上升到105元，當天的K線是一根帶長下影線的陽線。

看到行情出現長下影線的K線時，投資人腦中應該立刻回想形成這根K線的當日走勢圖，下圖採用模擬方式，揣測價位變化時，投資人的心理情況，總之，就是曾經對行情抱著恐慌性的失望，但在很短的時間，行情熱燒起來，價格又回到接近原點。

• 出現下影線的投資者心理

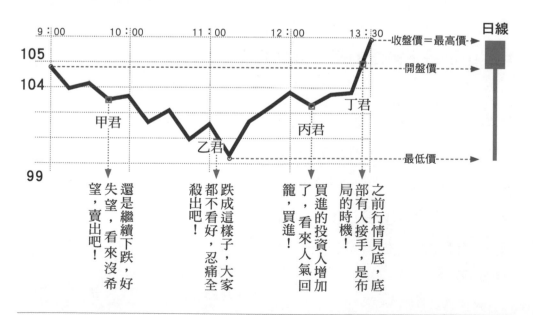

出現長下影線，投資人無法立刻判斷接下來的行情將如何，只能說，下跌到一個程度時，底部是有支撐的，但支撐的強度如何，一來要看出現下影線的位置，如果它出現的位置是在下跌很久的末跌段，有可能長下影線出現的價位就是「見底」了，空頭很難再繼續進攻。因此，我們可以把出現下影線的位置想像成是一面牆壁，下影線的長度愈長，表示牆壁愈厚，相對的下影線的長度愈短表示牆壁愈薄。

不管牆壁厚、薄(下影線長或短)，若在出現長下影線的下一根K線，收盤價低過下影線的最低價，那麼，可以初步判斷，儘管低價圈有多頭支撐構築的牆壁，但空頭的力道已經順利攻克了。那麼，接下來行情還是有可能繼續下跌。

歸納起來，長下影線的價格分析有以下幾項重點－－

▷ 出現長下影線的兩個判斷要點

①跌勢中下影線長度，是繼續獲得支撐力的強度（牆壁厚度）。

下影線的出現，可將其視為行情下跌的支撐力，若是下影線短，可算是薄的牆壁，薄的牆壁容易被空頭力道打穿，不構成太大的上漲支撐。若是下影線長，算是厚牆壁，厚的牆壁不容易被空頭力道打穿，將構成上漲支撐，股價容易在這裡出現行情反彈上漲。

長下影線＝厚牆厚＝支撐力大＝不容易繼續下跌

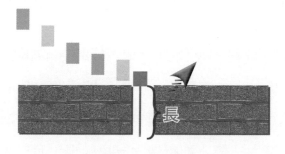

短下影線＝薄牆厚＝支撐力小

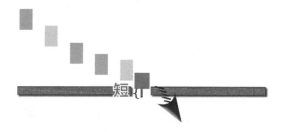

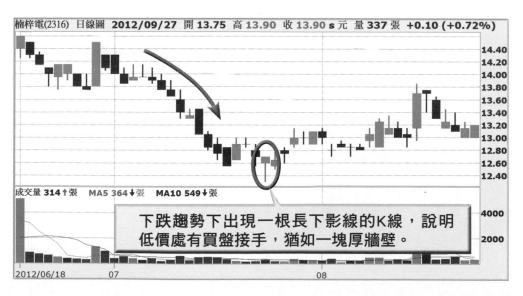

楠梓電(2316) 日線圖 **2012/09/27 開 13.75 高 13.90 收 13.90 s 元 量 337 張 +0.10 (+0.72%)**

成交量 **314↑張　　MA5 364↓張　　MA10 549↓張**

下跌趨勢下出現一根長下影線的K線，說明低價處有買盤接手，猶如一塊厚牆壁。

②**漲勢中出現長下影線的K線，說明多頭用盡力量抵擋空方攻擊，可能會轉為下跌。**

長下影線在漲勢中出現時，接下來行情可能的走向如何呢？

想像一下拳擊賽場，多、空對打，多頭一路獲勝，然而對手（空頭）然展開猛攻，讓行情在高檔區出現為數不小的下跌力道，但終盤時，多頭不甘示弱，奮力一搏，把行情向上拉回來，而形成在漲勢中出現了一根帶著長下影線的K線。

可以想像，空頭為了在那一拳中獲勝，是用盡了很大的力量反擊，但多頭為了迎戰同樣也要耗盡很大的力量，雖然局面暫時是穩住了，但那面長影線的牆壁卻因此有了裂痕，因此，在上漲途中出現長下影線的K線，就像是一堵出現裂縫的厚牆壁，有可能隨時下跌。換句話說，就是上漲的力道已經現出頹勢了。

漲勢中的長下影線＝出現裂縫的厚牆厚＝不容易繼續上漲

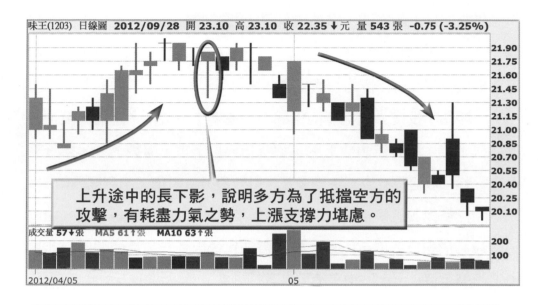

味王(1203) 日線圖 2012/09/28 開 23.10 高 23.10 收 22.35 ↓元 量 543 張 -0.75 (-3.25%)

上升途中的長下影，說明多方為了抵擋空方的攻擊，有耗盡力氣之勢，上漲支撐力堪慮。

成交量 57↓張　MA5 61↑張　MA10 63↑張

2012/04/05　　　　　　　　　　05

在上漲途中出現①的圖形，說明繼續上漲壓力很大，像面厚牆擋住。再看到②，說明多頭的勢力為了抵擋空方的攻擊已經耗盡力氣。所以，之後行情下跌是一點也不意外的事。

和泰車(2207) 日線圖 2012/09/28 開 208.50 高 209.00 收 207.50 ↓元 量 115 張 -2.50 (-1.19%)

成交量 185↓張　MA5 499↓張　MA10 483↓張

2011/11/01　　　　　　　　　　12

Point **10** 十字線出現的位置不同，該如何判斷？

　　先來看以下的附圖。這檔股票早上9點開盤100元，盤中曾上漲到105元，之後下跌到95元，但收盤又回到100元。這樣的行情走勢，你可以模擬投資人對行情的心情故事－－

　　一開始，投資人就抱著觀望的心情進場，不久後多頭佔上風，把行情拉上去，接著空頭佔上風，把行情再打下來，隨後，多、空幾乎不分軒輊，收盤時誰也不讓誰多贏一點，最後收盤價又回到開盤價。

　　開盤價與收盤價相同，K線成為十字線，單就一根K線來看，由於另有最高價與最低價，所以，沒有辦法比較出那一方比較強，只能看出這一段行情「上、下均有牆壁」。

・**出現十字線的投資者心理**

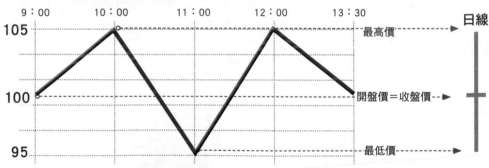

　　若十字線出現在上升途中，可以解釋為，行情一直在上漲中，但多、空的交戰已經出現互不相讓的情況了，這意味著不是多頭變弱了，就是空頭變強了，因此，若十字線出現在上升途中，會讓人感覺

「是不是要變盤（下跌）了呢？」相同的，若是十字線出現在下跌途中，也會讓人感覺「是不是要變盤（上升）了呢？」因此，十字線又被稱為「十字變盤線」。一般的判斷方式是遇到十字線可以先觀望，等待下一根K線「表態」，若下一根K線的行情是上漲，那未來可能上漲居多，若是下跌，未來的行情就可能下跌居多。

▷ 出現長十字線的兩個判斷要點

①跌勢中十字線，是止跌的訊號，但要觀察它的下一根K線。

看到十字線，只能單純的判斷，當天行情處在一種多、空勢均力敵的情勢當中，因此，圖①、②、③的十字線，並沒無法非常具體的說明未來行情可能如何，但④與⑤因為是行情已經跌了一段時間了，可視為行情有可能在此止跌（變盤）的訊號。

②漲勢中十字線，是下跌的訊號，但要觀察它的下一根K線。

圖①是在上漲行情中出現十字線，投資人要小心，有可能在這裡會出現變盤。但圖②是上升的陽線，可以暫時判斷，在這裡可能還不是下跌的訊號。

圖③又是十字線，說明在這裡多、空再次陷入勢均力敵。

圖④是上升途中的長下影線，說明多頭有點「力氣用盡」的味道，到了這裡，應該不能再對行情抱著樂觀的想法了。

K像中形狀"一"與"T"是什麼？

　　一字線與T字線一樣是K線，它是比較極端的走勢所畫出來的K線圖型，以下為了方便理解，範例均採日線圖。

▷　**一字線**

　　股價從開盤到收盤只有一個價錢，通常是跌停價或漲停價，所以沒有上影線與下影線，如果是跳空漲停表示股價極強勢，一股難求，投資人要買也買不到【如範例一】。如果是跳空跌停，表示投資人想賣也賣不掉【如範例二】。

＊　**跳空漲停一字線**

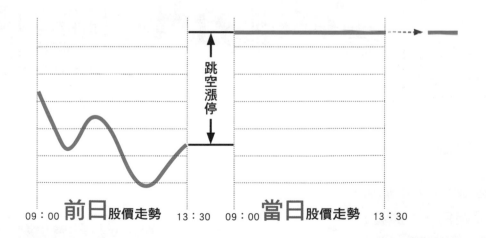

跳空漲停

09：00 **前日**股價走勢 13：30　09：00 **當日**股價走勢 13：30

* 跳空跌停一字線

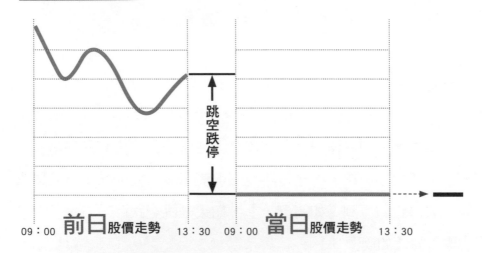

跳空跌停

09:00 **前日**股價走勢 13:30 09:00 **當日**股價走勢 13:30

* 一字線範例

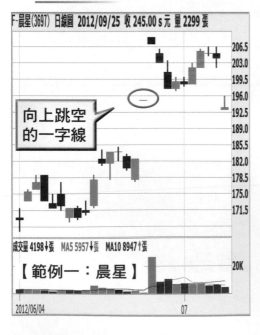

F-晨星(3697) 日線圖 2012/09/25 收 245.00 s 元 量 2299 張

向上跳空的一字線

成交量 4198↓張　MA5 5957↓張　MA10 8947↑張

【範例一：晨星】

2012/06/04　07

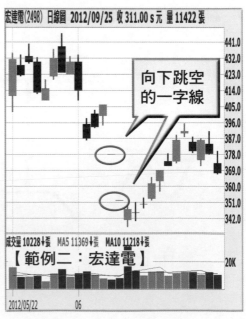

宏達電(2498) 日線圖 2012/09/25 收 311.00 s 元 量 11422 張

向下跳空的一字線

成交量 10228↓張　MA5 11369↓張　MA10 11218↓張

【範例二：宏達電】

2012/05/22　06

▷　T字線

　　正T字線(如圖)股價當天開盤、收盤、最高價都相等，但留有下影線，顯示期間雖然出現低於開盤價的價格，但總能順利回到開盤價。意味賣方的力道雖不弱，但買盤承接力也不差。但仍需視出現的位置進一步判斷。

* **正T字線**

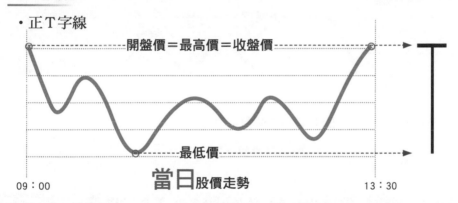

・正T字線

開盤價＝最高價＝收盤價

最低價

當日股價走勢

09：00　　　　　　　　　　　　　　　　　　13：30

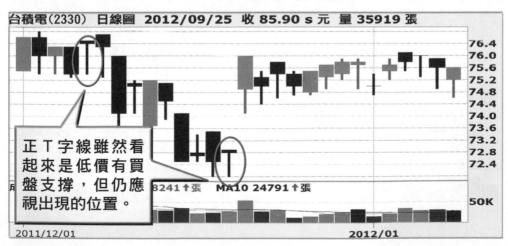

台積電(2330)　日線圖　2012/09/25　收 85.90 s 元　量 35919 張

76.4
76.0
75.6
75.2
74.8
74.4
74.0
73.6
73.2
72.8
72.4

正 T 字線雖然看起來是低價有買盤支撐，但仍應視出現的位置。

8241↑張　　MA10 24791↑張

50K

2011/12/01　　　　　　　　　　　　2012/01

　　倒T字線(如圖)股價當天開盤、收盤、最低價都相等，但留有上影線，顯示期間雖然出現高於開盤價的價格，但追價意願不足。意味買方的力道雖不弱，但總被賣方殺回原點，有人又稱它「墓碑線」，後市不能太樂觀。但仍需視出現的位置進一步判斷。

* **倒T字線**

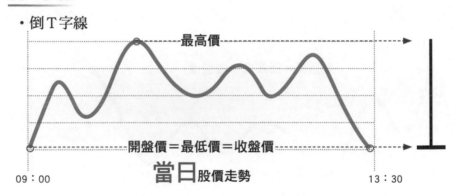

・倒T字線

最高價

開盤價＝最低價＝收盤價

當日股價走勢

09：00　　　　　　　　　　　　　　　　　　　13：30

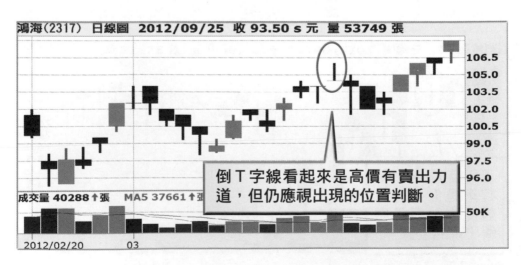

鴻海(2317) 日線圖 2012/09/25 收 93.50 s 元 量 53749 張

成交量 40288↑張　　MA5 37661↑張

2012/02/20　　03

倒T字線看起來是高價有賣出力道，但仍應視出現的位置判斷。

請用範例加圖解，歸納必學的關鍵K線。

對於初學者而言，一口氣要學習那麼多的圖形，往往令人望而生畏，讀者可以先學通以下六種必懂的重要K線。

▷ 上漲機率高的三模式

①長紅線表示激烈的漲勢：一口氣上漲的強勢K線

一般，投資人買進股票後當股價上漲到一定程度，想賣掉確保利潤的投資人會增加。但出現大陽線表示很多投資者認為未來還會進一步上漲，所以即使價格一路攀高，還是有人願意用高一點再高一點的價格承接。所以，它被視為繼續維持漲勢的K線類型。

長紅K線出現在低價圈，是股價上漲信號。

如果出現在上上下下浮動的整理行情中，長紅線以突破之勢帶量上攻，行情一樣樂觀可期。

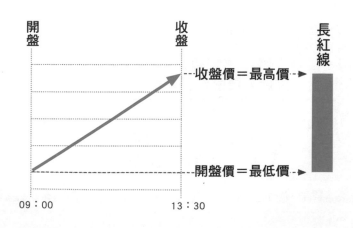

＊ 大陽線常遇到的幾種情況－－

範例一 盤整期間出現帶量的大陽線，有可能擺脫盤整向上漲。

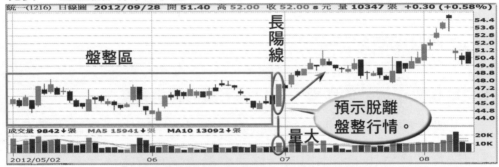

範例二 下跌期間途中出現大陽線，有可能見底止跌。

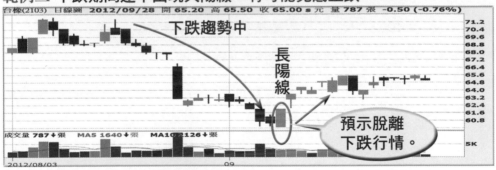

範例三 出現大陽線，反迎來獲利了結的短線客，使行情下跌。

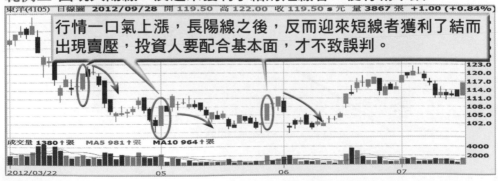

②十字線表示盤面待變：行情轉捩的K線

開盤價和收盤價相同，此時實體已萎縮成為一條橫線，代表猶豫和不確定的人很多。

出現十字線表示買主和賣主對未來趨勢很迷茫。如果出現在低價圈，那麼極有可能轉入上漲。

有人稱這種低價圈的十字線為啟明星，代表底部訊號出現。

若十字線出現在高價圈，代表頭部出現，也就是股價可能下跌。

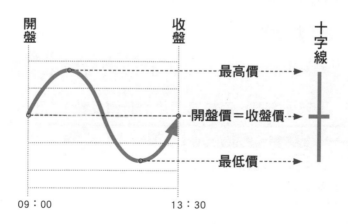

＊ 十字線常遇到的幾種情況－－

範例一 跌勢中出現的十字線，預示行情有逆轉向上的可能。

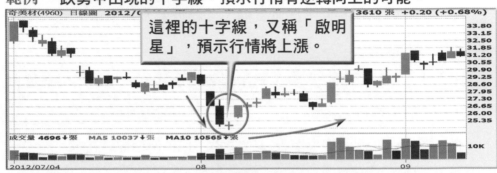

這裡的十字線，又稱「啟明星」，預示行情將上漲。

範例二 上漲中出現的十字線，預示行情有逆轉向下的可能。

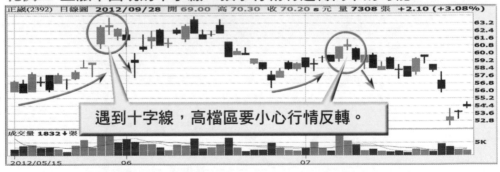

遇到十字線，高檔區要小心行情反轉。

範例三 十字線頻頻出現，多、空均有觀望的味道。

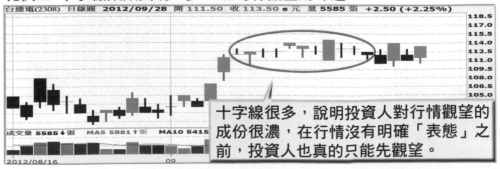

十字線很多，說明投資人對行情觀望的成份很濃，在行情沒有明確「表態」之前，投資人也真的只能先觀望。

③帶下影線紅K線，先跌後漲買盤強：由下跌轉上漲的K線

　　沒有上影線，但下影線很長的K線，表示先跌後漲，而且買盤佔上風。如果在低價圈，出現帶下影線的紅K線之後也極有可能上漲。因為長下影線意味著狼狽賣掉的結束和購買新勢力的開始。

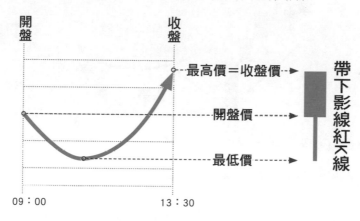

　　長下影線表示交易期間股價大幅下跌。暴跌致使驚慌失措的投資人不想再承受損失，會進一步賣出股票，一般來說，一波信心不足的投資人賣出股票後將引發另一波沒信心的投資人也賣出股票，但這種狼狽賣出的情形一旦結束，下跌就會停止，在此之後還想賣掉股票的人就不多了；接著，因為價格低，認為在這裡買進很划算的投資人開始進場，如此就出現下影線。這個階段因為賣出的能量變小，新的購買勢力出現，所以之後股價極有可能上漲。但出現下影線也有可能是想賣的投資人沒有賣完。所以，即使股價回升，還是可能受賣壓壓抑無法快速順利上漲。但若出現在低價圈，上漲機率還是很高的。

* <u>帶下影紅K線常遇到的幾種情況－－</u>

範例一 跌勢中出現的帶下影紅K線，預示行情有逆轉向上的可能。

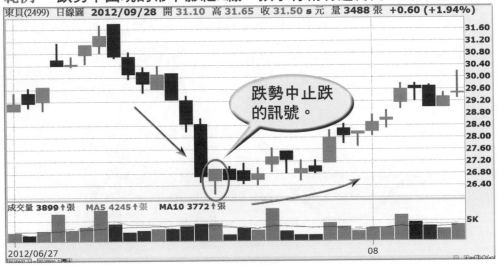

範例二 跌勢中，帶下影紅K線也有可能仍無法止跌。

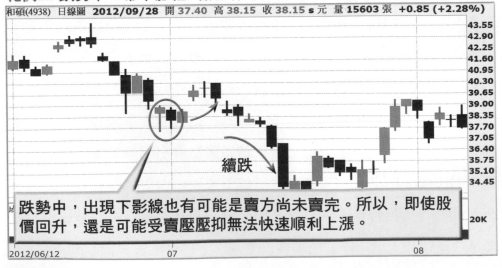

未來行情有可能轉入下跌的K線也有好幾種形狀。但若不是把目標放在短期差價的投資人，找下跌模式就沒有找上漲模式來得重要！因為就交易的策略而言，只要賣價比買價更高就能獲利。但若從找好買點與好賣點的角度看兩者同樣重要。若出現以下K線暫時不宜買進。

▷　**下跌機率高的三模式**

①長黑線表示激烈的跌勢：一口氣下跌的強勢K線

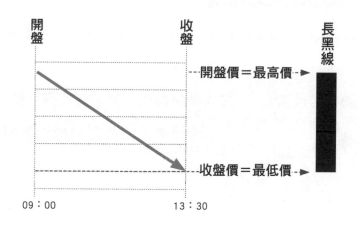

　　和先前所講的長紅線具有對比性，指沒有影線的陰線。表示從開盤到收盤為止一直下跌，出現這個K線之後股價極有可能下繼續跌。長黑線也代表行情的結束或產生關鍵性的扭轉。例如，在恐慌性的急速趕底行情中出現長黑線，有時反而是反彈或回升的訊號。

* 長黑K線常遇到的幾種情況－－

範例一 漲勢中出現的長黑K線，預示行情有逆轉向下的可能。

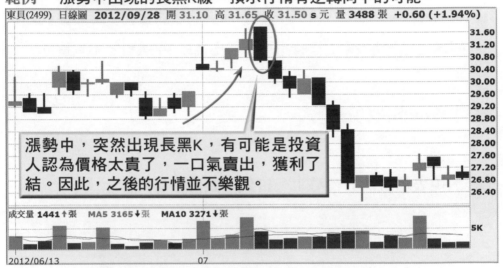

東貝(2499) 日線圖 **2012/09/28** 開 31.10 高 31.65 收 31.50 s 元 量 **3488** 張 **+0.60 (+1.94%)**

> 漲勢中，突然出現長黑K，有可能是投資人認為價格太貴了，一口氣賣出，獲利了結。因此，之後的行情並不樂觀。

成交量 **1441↑**張　　MA5 **3165↓**張　　MA10 **3271↓**張

2012/06/13　　　　　　　　　　　07

範例二 跌勢中的長黑K，空方大拋股票後，常迎來反彈行情。

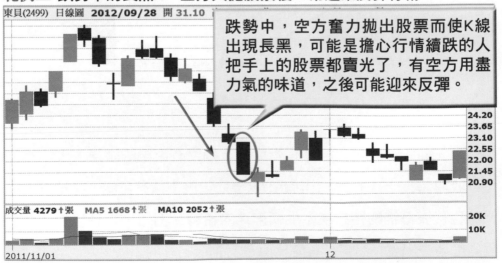

東貝(2499) 日線圖 **2012/09/28** 開 31.10

> 跌勢中，空方奮力拋出股票而使K線出現長黑，可能是擔心行情續跌的人把手上的股票都賣光了，有空方用盡力氣的味道，之後可能迎來反彈。

成交量 **4279↑**張　　MA5 **1668↑**張　　MA10 **2052↑**張

2011/11/01　　　　　　　　　　　12

②帶長上影線的黑K是在上升趨勢中屬於空頭線形：漲到中途沒力上漲，跌！

更精確點說，如果在上升趨勢中，出現上影線的長度在實體的2～3倍，之後股價下跌的徵兆就很明顯。

對已經大幅上漲的股票，認為「這個股很有勁頭，再買進好像還能賺」，於是投資人紛紛買進。緊追其後的投資人看見股價漲也跟著買進，於是股價進一步上漲。但買進後的投資人在買進的瞬間卻變成賣出的投資人。尤其很多在高價圈買進的投資人想馬上賣掉獲利了結。股價上漲後，為確保利潤而賣掉的股數增多。和買進的股數不相上下，於是上漲停止，股價開始轉入下跌。

投資人看到價格跌，因怕虧損而賣出，於是引發更多人的賣出，股價暴跌，結果就出現長上影線。在盤中假突破創新高，收盤時因為遇到賣壓，無力據守的長影線K線又被稱為「流星」，代表賣壓很重。

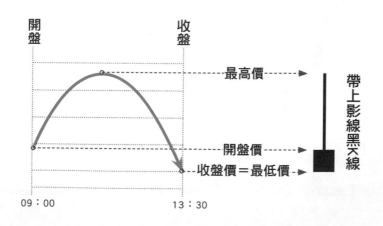

* <u>帶上影線黑K線常遇到的幾種情況－－</u>

範例一 漲勢中出現的帶上影黑K線，預示行情上漲受阻。

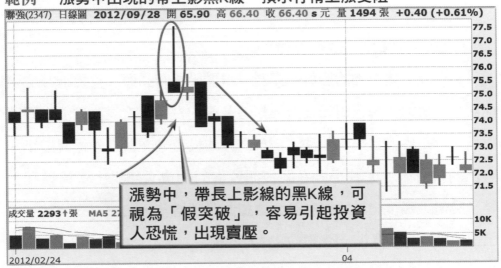

聯強(2347) 日線圖 **2012/09/28 開 65.90** 高 **66.40** 收 **66.40 s** 元 量 **1494** 張 **+0.40 (+0.61%)**

漲勢中，帶長上影線的黑K線，可視為「假突破」，容易引起投資人恐慌，出現賣壓。

範例二 漲勢中出現的帶上影黑K線，預示行情上漲受阻。

東貝(2499) 日線圖 **2012/09/28 開 31.10** 高 **31.65** 收 **31.50 s** 元 量 **3488** 張 **+0.60 (+1.94%)**

③三天以上連續大幅漲高，有高檔出貨的可能

人們常說股票市場中暴漲超過三天之後必然下跌，這不只是「傳言」而已。「三」的數字在K線中常被當成是一個指標性的數字，大體上投資人可以把它解釋為「連續」的意義，也就是連續大漲三天(尤其是跳空上漲)就可能是行情反轉的時候。

其實，不只是「三」，有時候是「五」、「八」（強勢上漲跳空三天或五天或八天）下跌的機率也會比較高。

如果上漲勢頭強，可能上漲的第三天會出現沒有影線的陽線，行情很多時候會從第四天開始轉入下跌。因為這裡有一部份的人會為了確保利潤而賣股票。

這樣的急漲方式多半會出現在上漲初期，但在一到兩天的短期的行情調整後，若上漲勢頭很強，價格還是會繼續上漲。

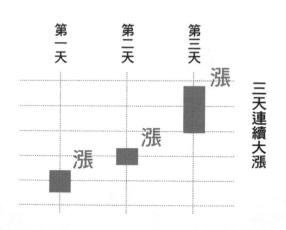

* **連續暴漲(暴跌)要小心行情反轉——**

範例一 跳空上漲(下跌)有逢三、五、八容易反轉的說法。

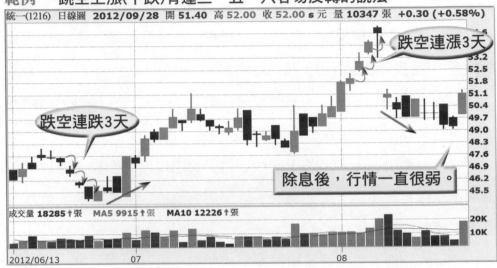

範例二 跳空上漲(下跌)有逢三、五、八容易反轉的說法。

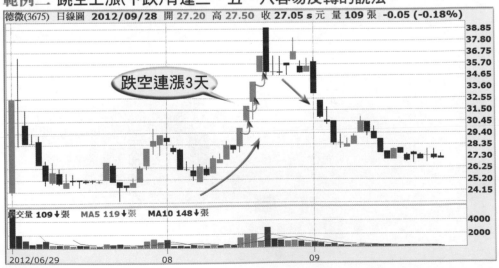

1～3題的K線形狀，如何對應A～C的走勢圖，請連連看。

* **練習題Q1：連連看**

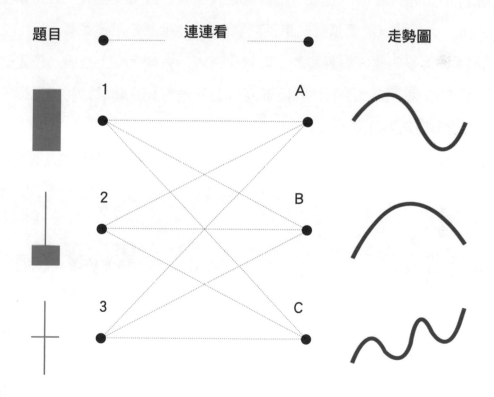

上面的連連看，你是很快就回答呢？還是要再想一下？

這是很基本的股價圖課題，一定要非常熟練才可以。

　　若你無法很快速的回答問題（或者說，你在腦子裡面無法立刻看到K線圖就聯想到行情的走勢），請你再翻回前文把每一根K線的意思重覆「想」清楚。

　　以下是解答－－

解答1：沒有上影線也沒有下影線是長陽線。股價從開盤起就持續上漲，到達當日最高價時結束了交易，所以C應該是正確答案。

解答2：是陽線，有長長的上影線。這表示曾經大幅上漲過，但是到達高價後，被推回到比開盤價高一點的地方並且開盤就是最低價，所以B是正確答案。

解答3：實體部分被壓得很扁。這表示開盤價和收盤價相同。A是正確答案。

Key-Word

技術分析種類

　　廣義的來講，只要不是基本分析的股價分析法都可以叫做「技術分析」。最主要有四大類：

1. 技術指標
2. 價量關係
3. 線形理論
4. 線圖

K線實戰練習題。

　　以下有兩道練習題，隨著每天行情不同，出現K線的形狀不同，你會如何思考每天的行情呢？可以先不看旁邊的文字說明先練習看看。

* **練習題一**

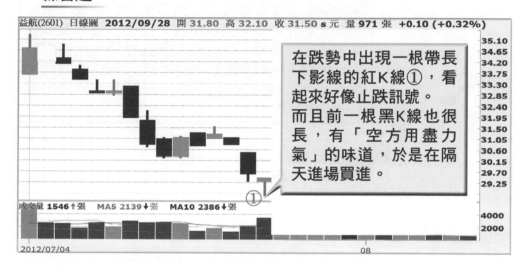

在跌勢中出現一根帶長下影線的紅K線①，看起來好像止跌訊號。
而且前一根黑K線也很長，有「空方用盡力氣」的味道，於是在隔天進場買進。

* **觀察1——**

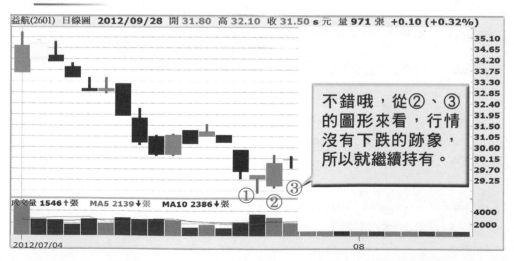

不錯哦，從②、③的圖形來看，行情沒有下跌的跡象，所以就繼續持有。

* **觀察2－－**

⑥的Ｔ字線叫人有點擔心，因為價格已經漲不少，但因這根Ｔ字的下影線不算很長，可以解釋為空頭在這個高檔區沒有用很多力氣攻擊，所以多頭也沒有用很多力氣反擊，因此，還不算是有很大裂縫的牆壁。故行情看到這裡仍決定繼續持有，假設下一根K線的收盤上漲，那就沒問題，但若下一根K線的收盤下跌，很可能就要先出脫手中部份持股。

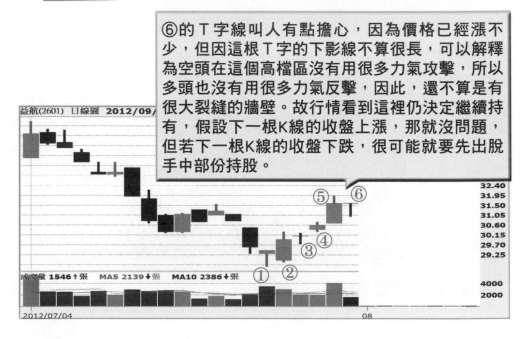

* **觀察3－－**

⑦的收盤超過⑥，決定繼續持有，但行情一路連著⑨與⑩都收十字線，說明繼續上漲力道已經弱掉了，多頭沒有追價的意思，短線交易可這裡賣出。

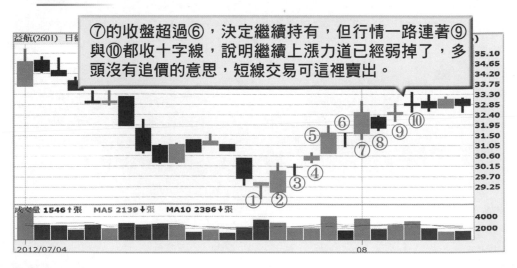

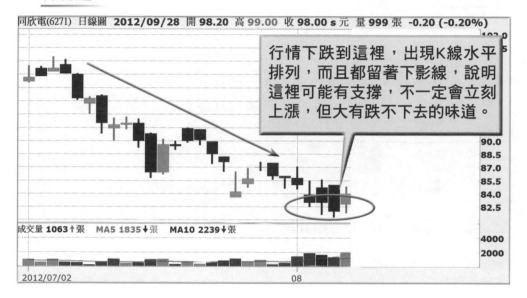

同欣電(6271) 日線圖 2012/09/28 開 98.20 高 99.00 收 98.00 s 元 量 999 張 -0.20 (-0.20%)

行情下跌到這裡，出現K線水平排列，而且都留著下影線，說明這裡可能有支撐，不一定會立刻上漲，但大有跌不下去的味道。

成交量 1063↑張　MA5 1835↓張　MA10 2239↓張

2012/07/02　　08

＊ 觀察1－－

同欣電(6271) 日線圖 2012/09/28 開 98.20 高 99.00 收 98.00 s 元 量 999 張 -0.20 (-0.20%)

果然出現暴衝行情，圖①在當天超過87元時就可以加入買方，若在①出現之後再加入也可以，但要小心過快上漲，可能出現短線獲利了結的賣壓。

①

成交量 1063↑張　MA5 1835↓張　MA10 2239↓張

2012/07/02　　08

* ### 觀察2——

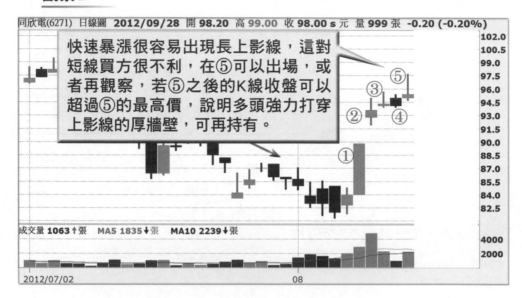

同欣電(6271) 日線圖 **2012/09/28** 開 **98.20** 高 **99.00** 收 **98.00 s** 元 量 **999** 張 **-0.20 (-0.20%)**

快速暴漲很容易出現長上影線，這對短線買方很不利，在⑤可以出場，或者再觀察，若⑤之後的K線收盤可以超過⑤的最高價，說明多頭強力打穿上影線的厚牆壁，可再持有。

成交量 **1063**↑張　　MA5 **1835**↓張　　MA10 **2239**↓張

2012/07/02　　　　　　　　　　　　08

* ### 觀察3——

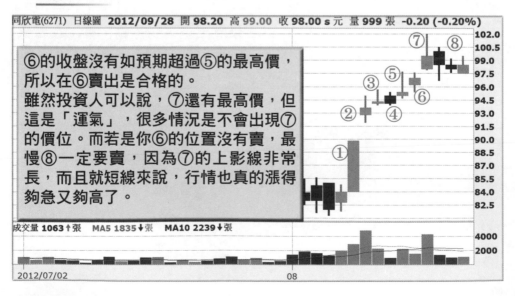

同欣電(6271) 日線圖 **2012/09/28** 開 **98.20** 高 **99.00** 收 **98.00 s** 元 量 **999** 張 **-0.20 (-0.20%)**

⑥的收盤沒有如預期超過⑤的最高價，所以在⑥賣出是合格的。
雖然投資人可以說，⑦還有最高價，但這是「運氣」，很多情況是不會出現⑦的價位。而若是你⑥的位置沒有賣，最慢⑧一定要賣，因為⑦的上影線非常長，而且就短線來說，行情也真的漲得夠急又夠高了。

成交量 **1063**↑張　　MA5 **1835**↓張　　MA10 **2239**↓張

2012/07/02　　　　　　　　　　　　08

恆兆文化有限公司 · PCHOME . 商店街

網址：http://www.pcstore.com.tw/book2000/

加價購一律75折優惠

03章

STOCK

懂趨勢與支撐、壓力
新手也能大賺小賠

Point **01** ## 支撐線、壓力線，對行情判斷的意義是什麼？

先把有關股價波動的問題簡單化。

假設，現在不考慮基本面，也就是說，先把股票市場單純的想成是一個多方與空方交戰的市場。買方(多頭)與賣方(空方)每天股市一開盤，兩軍就各自提起自己的武器對打，在攻防戰中，支撐線可算是多頭重兵部署的防衛線；壓力線可算是空頭重兵部署的防衛線。

萬一多頭守不住支撐線被空頭攻克，最開始立場不堅定的投資人就會棄甲投降，本來站在多方的投資人可能反向投入空頭部隊，加入賣出股票的行列，此時股價就會開始第一波跌勢，若敗相已經很明顯了，原本立場較為堅定的多方投資人，也會陸續的退守，如此，股價防線就會一再失守；相對的，對於空方而言，壓力線若守不住，被多頭買方攻破，也可能展開一波新的上升行情，而本來站在空方看壞行情的人也可能因為覺得做錯方向，反手買股票，使行情進入另一個新的漲勢局面。

這也就是為什麼股價在衝破壓力線後，就很有機會再往上走出另一波的漲勢；相對的在跌破支撐線後也容易引發下一波的跌勢。

觀察股價圖時，投資人可以把幾個「漲不上去」的壓力點連成一條線，就形成了一個「壓力線」；而把幾個「跌不下去」的支撐點連成一條線就叫「支撐線」。

研判趨勢與掌握趨勢的轉捩點，對投資人很重要，因為可以從中決定自己要加入多頭陣營？還是空頭陣營？

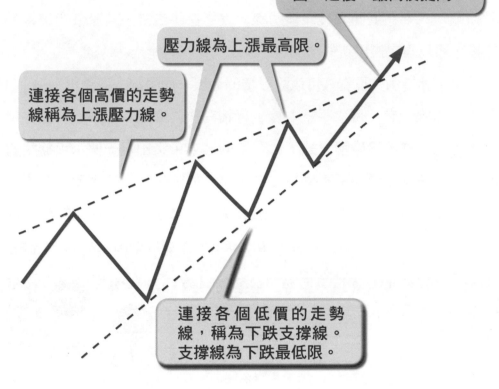

股價突破壓力線，行情可能進入另一波新上漲局面。之後，最高價提高。

壓力線為上漲最高限。

連接各個高價的走勢線稱為上漲壓力線。

連接各個低價的走勢線，稱為下跌支撐線。支撐線為下跌最低限。

股價波動幅度有大有小，速度有快有慢，但原始走勢並不隨意改變，但短期走勢則時時在改變。所以，長期投資應以原始走勢為主，短期交易則要留意小走勢的波動。

Point **02** 如何畫支撐線與壓力線？

是否記得學生時代畫「輔助線」解答數學幾何題的情景？乍看無法理清頭緒的幾何圖，只要畫上2、3條線輔助線往往立刻茅塞頓開。在K線圖上畫趨勢線(支撐與壓力)也同樣如此。看起來沒有什麼規律的股價圖，只要在上面畫幾條輔助線，就能探尋走勢，若股價突破趨勢線後，可以再次畫出新的趨勢線。

以下圖為例，投資人可以隨行情的發展一面畫線一邊分析－－

①在84元有一個水平壓力線，行情三次「闖關」都不過，在標示②的地方，終於突破壓力線了。在③的地方，又出現一個水平盤整的區域，行情向上或向下不清楚。之後謎底揭曉，向上突破壓力在④的地方，價格再上一層樓。把圖整個拉遠一點來看，可以畫出⑤這一條向上的趨勢線，說明目前的行情處在一個向上發展的階段。

請用範例說明行情的趨勢與關鍵轉折

股價運動從來不是水平的，它總像波浪一樣，時而向上時而向下。雖然說股價上上下下沒有一定，但從客觀數據與圖表卻有機會進行趨勢預測，這就是技術分析的目的之一。

整體說來股價有三大趨勢－－上升趨勢、盤整趨勢、下跌趨勢。

附圖是宏碁的日K線圖，從股價圖可以看出－－

①底部一直墊高，所以，是屬於上升趨勢，標示「關鍵點A」的地方是一根很長大陰線，因為它發生的位置是在一段不算短的上升走勢中，所以，那一根大陰線有相當的參考性，持有股票者要在這裡開始小心，是不是上升走勢有逆轉的可能呢？

果不其然，在「關鍵點A」之後，行情一直處於弱勢的走勢，從②可知高價一直在降低，說明多頭的勢力一降再降，處於多頭退守的形勢中。

從③中，一開始感覺行情有止跌逆轉向上的味道，但在一段小的上升通道之後，多頭看起來還是棄守了。

從「關鍵點B」的地方，可以發現行情本來是在上升的通道中，但卻出現了一個很大的跳空缺口，說明在那個時間點，出現了讓多頭的股票買家非常恐慌的訊息，使得持有股票者以不惜低價的方式拋售股票。

此後，在④的地方，行情出現盤整，關鍵點C強力突破盤整區，也是值得留意的地方。

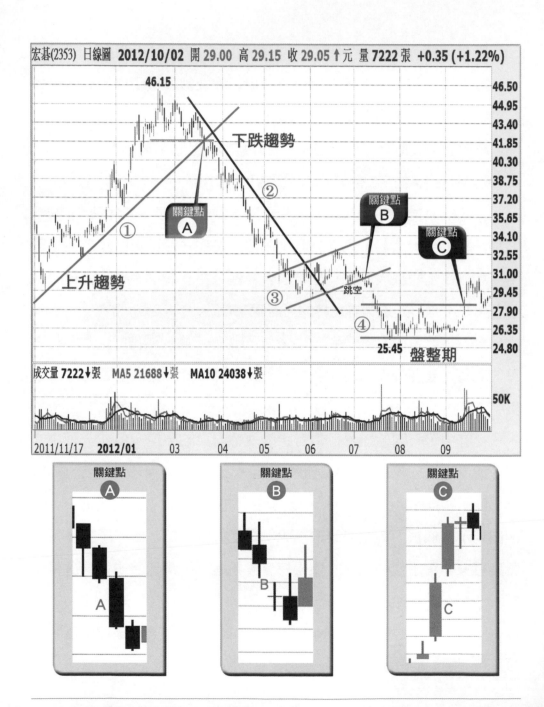

宏碁(2353) 日線圖 **2012/10/02** 開 **29.00** 高 **29.15** 收 **29.05** ↑元 量 **7222** 張 **+0.35 (+1.22%)**

46.15

下跌趨勢

①

關鍵點
A

關鍵點
B

關鍵點
C

②

上升趨勢

③

跳空

④

25.45 盤整期

46.50
44.95
43.40
41.85
40.30
38.75
37.20
35.65
34.10
32.55
31.00
29.45
27.90
26.35
24.80

成交量 **7222**↓張   MA5 **21688**↓張   MA10 **24038**↓張

50K

2011/11/17   **2012/01**   03   04   05   06   07   08   09

關鍵點
A

A

關鍵點
B

B

關鍵點
C

C

▷ 趨勢形成將持續一段時間，關鍵點是最佳買賣機會

股票的變動不規則，可是一旦產生了某種趨勢（向某一方變動），根據牛頓的運動定律，動能還有可能持續一段時間。

股價上下震盪，以下跌為主的變化稱「下跌趨勢」；持平的變化稱「盤整」；以上漲為主的變化稱為「上漲趨勢」；有時候支撐線和壓力線逐漸靠近，成為三角形的兩邊，這叫做三角整理。

三角整理的情況下，股價在一定範圍內上下浮動，擺動幅度逐漸變小，這通常表示股價變動的理由不充分，投資者處於迷茫的狀態，而且在三角頂點處，股價通常會一下子上漲、一下子下跌非常密集。

三角整理有非常多型態，有狹長型、等腰三角型、上升與下降三角型，但都顯示出投資人對股價猶豫的心態。三角整理無法判斷趨勢走向，必需配合成交量做出研判。

而在趨勢轉變的關鍵點，如本例的A、B和C所示，意味著走勢變化的點稱為「關鍵點」。

股價不會平白無故的上漲(或下跌)，投資人一面從股價圖中找趨勢，另一面還是要尋找出「為什麼漲」「為什麼跌」「為什麼盤整」的理由，而學習股價圖的目的，就是從這些價量變化中研判未來行情。

以下將以實例進一步說明。

* 上升趨勢範例

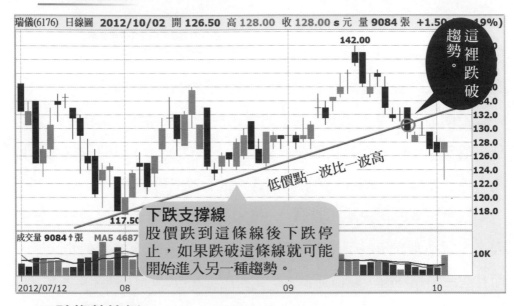

瑞儀(6176) 日線圖 2012/10/02 開 126.50 高 128.00 收 128.00 s 元 量 9084 張 +1.50 （ 19%)

142.00

這裡跌破趨勢。

低價點一波比一波高

117.50

下跌支撐線
股價跌到這條線後下跌停止，如果跌破這條線就可能開始進入另一種趨勢。

成交量 9084↑張 MA5 4687

10K

2012/07/12　08　09　10

* 下跌趨勢範例

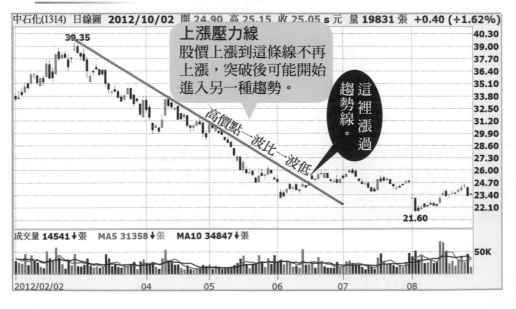

中石化(1314) 日線圖 2012/10/02 開 24.90 高 25.15 收 25.05 s 元 量 19831 張 +0.40 (+1.62%)

39.35

上漲壓力線
股價上漲到這條線不再上漲，突破後可能開始進入另一種趨勢。

這裡漲過趨勢線。

高價點一波比一波低

21.60

成交量 14541↓張　MA5 31358↓張　MA10 34847↓張

50K

2012/02/02　04　05　06　07　08

＊ 三角整理範例

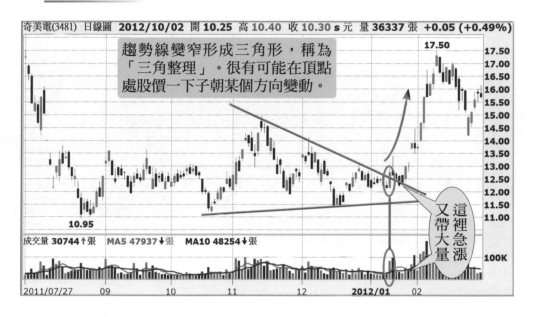

奇美電(3481) 日線圖 **2012/10/02** 開 **10.25** 高 **10.40** 收 **10.30 s** 元 量 **36337** 張 **+0.05 (+0.49%)**

趨勢線變窄形成三角形，稱為「三角整理」。很有可能在頂點處股價一下子朝某個方向變動。

17.50

10.95

這裡急漲又帶大量

成交量 30744↑張　MA5 47937↓張　MA10 48254↓張

2011/07/27　09　10　11　12　2012/01　02

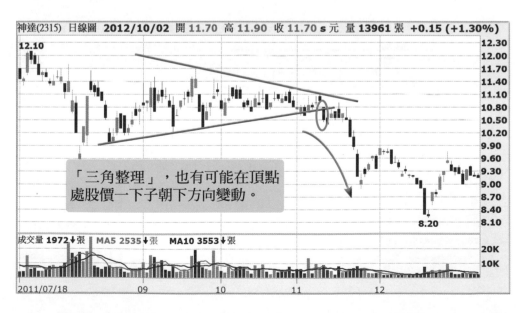

神達(2315) 日線圖 **2012/10/02** 開 **11.70** 高 **11.90** 收 **11.70 s** 元 量 **13961** 張 **+0.15 (+1.30%)**

12.10

「三角整理」，也有可能在頂點處股價一下子朝下方向變動。

8.20

成交量 1972↓張　MA5 2535↓張　MA10 3553↓張

2011/07/18　09　10　11　12

＊ 盤整整理範例

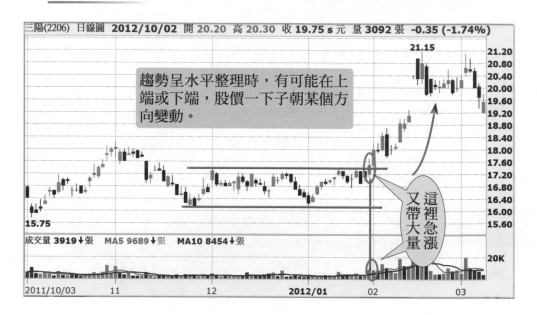

三陽(2206) 日線圖 2012/10/02 開 20.20 高 20.30 收 19.75 s 元 量 3092 張 -0.35 (-1.74%)

趨勢呈水平整理時，有可能在上端或下端，股價一下子朝某個方向變動。

這裡急漲又帶大量

成交量 3919↓張　MA5 9689↓張　MA10 8454↓張

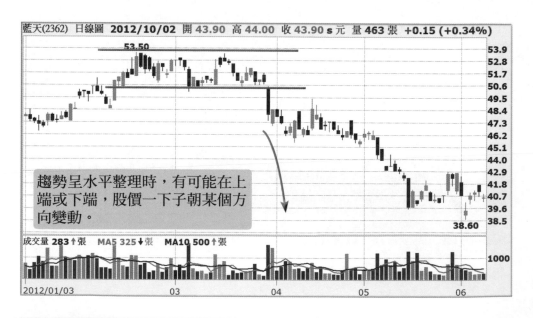

藍天(2362) 日線圖 2012/10/02 開 43.90 高 44.00 收 43.90 s 元 量 463 張 +0.15 (+0.34%)

趨勢呈水平整理時，有可能在上端或下端，股價一下子朝某個方向變動。

成交量 283↑張　MA5 325↓張　MA10 500↑張

04 捉到趨勢後，如何應用在股票交易呢？

正確研判趨勢就可以增加投資勝算，在上升的趨勢中，即使股價買貴了一點只要耐心等待就能獲利；在下跌趨勢中，即使股價進場點價格低，還是敵不過跌的命運。如果能看準股價將處於上上下下在一個範圍內盤整的趨勢，採用低買高賣的的策略反復操作也能獲利。

* **原則就是上漲走勢內購買！下跌走勢內不要買！！**

■ **上升趨勢：上漲下跌，從整體來看上漲**

走勢持續時間內，任何時候買都能賺！

■ **下跌趨勢：上漲下跌，從整體來看下跌**

走勢持續時間內，任何時候買都難賺！

■ **盤整趨勢：上漲下跌，從整體來看持平**

上下幅度很大，上方賣下方買。上下幅度不大時宜出場觀望。

05 **怎麼尋找行情的支撐與壓力呢?**

事實上,尋找行情的支撐與壓力是沒有標準答案的。

除了前面討論過的畫趨勢線方法之外,還有很多方法可以採用,原則就是只要投資人信任即可。因此,不管你偏好那一種尋找行情支撐、壓力的方,重點就是要熟練它。

以下介紹一般投資人常用的5種尋找支撐、壓力的方法:

尋找支撐壓力方法 ❶ 長期趨勢前一大波段的1/3、1/2、2/3。

當股價從89.8下跌時,可捉波段的1/3,也就是80.7元(89.7-9.1)為支撐價,若80.7元守不住,可再捉76元(89.7-13.8)為支撐價。這是長期趨勢捉支撐、壓力的方法。

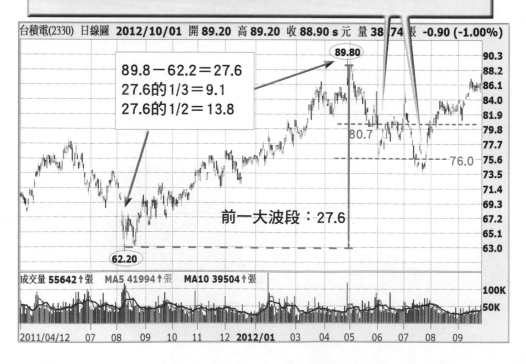

台積電(2330) 日線圖 **2012/10/01 開89.20 高89.20 收88.90 s元 量38 74 張 -0.90 (-1.00%)**

89.8-62.2=27.6
27.6的1/3=9.1
27.6的1/2=13.8

89.80

80.7

76.0

前一大波段:27.6

62.20

成交量 **55642↑張 MA5 41994↑張 MA10 39504↑張**

2011/04/12 07 08 09 10 11 12 **2012/01** 03 05 06 07 08 09

尋找支撐壓力方法 ❷ 各天期均線也可以被當成支撐或壓力。

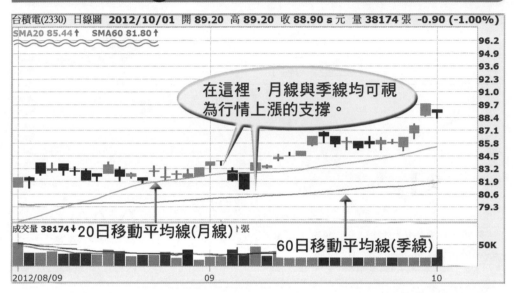

尋找支撐壓力方法 ❸ 過去歷史的高點與低點。

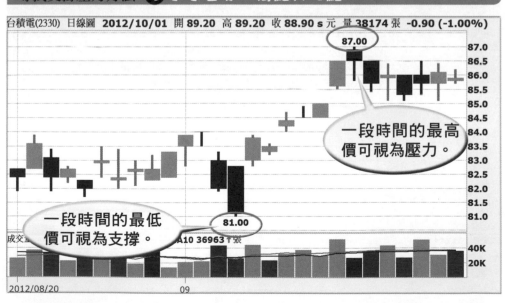

尋找支撐壓力方法 ④ 連接高點成壓力，連接低點成支撐區。

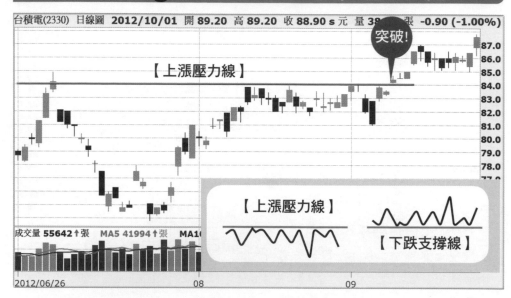

台積電(2330) 日線圖 2012/10/01 開 89.20 高 89.20 收 88.90 s 元 量 38▉▉張 -0.90 (-1.00%)

突破!

【上漲壓力線】

【上漲壓力線】　【下跌支撐線】

成交量 55642↑張　MA5 41994↑張　MA1▉

2012/06/26　　08　　09

尋找支撐壓力方法 ⑤ 成交量大的區塊所對應的價格。

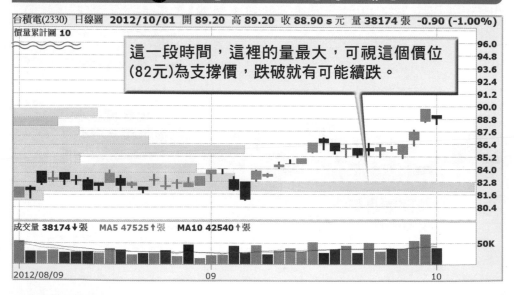

台積電(2330) 日線圖 2012/10/01 開 89.20 高 89.20 收 88.90 s 元 量 38174 張 -0.90 (-1.00%)

價量累計圖 10

這一段時間，這裡的量最大，可視這個價位(82元)為支撐價，跌破就有可能續跌。

成交量 38174↓張　MA5 47525↑張　MA10 42540↑張

2012/08/09　　09　　10

投資經典系列

巴菲特股票投資策略

定價：380元

作者：劉建位 經濟學博士

儘管巴菲特經常談論投資理念，卻從不透露操作細節，本書總結巴菲特40年經驗，透過歸納分析與實際應用印證，帶領讀者進入股神最神秘、邏輯最一貫的技術操作核心。

作手

定價：420元

作者：壽江

中國最具思潮震撼力的金融操盤家「踏進投機之門十餘載的心歷路程，實戰期貨市場全記錄，描繪出投機者臨場時的心性修養、取捨拿捏的空靈境界。」

幽靈的禮物

定價：420元

作者：亞瑟‧辛普森

美國期貨大師「交易圈中的幽靈」、「交易是失敗者的遊戲，最好的輸家會成為最終的贏家。接受這份禮物，你的投資事業將重新開始，並走向令你無法想像的坦途。」

財務是個真實的謊言

定價：299元

作者：鐘文慶

為什麼財報總被人認為是假的，利潤真的存在嗎？財務數字的真真假假看似自相矛盾的很多關係，都有合理的解釋嗎？當您知道這些謊言是怎麼形成時，謊言不再是謊言...

【訂購資訊】　　　　http://www.book2000.com.tw

郵局劃撥：帳號/19329140 戶名/恆兆文化有限公司
ATM匯款：銀行/合作金庫(代碼006)/三興分行/1405-717-327091
貨到付款：請來電洽詢　TEL 02-27369882　FAX 02-27338407

電話郵購任選二本，即享85折　買越多本折扣越多，歡迎洽詢

04章

STOCK

學看盤&開盤八法
助你短線成功出擊

如何看「五檔」？做長線的人需要看嗎？

首先，回答做長線的人是不是需要看「五檔」這個問題。

股票投資為什麼迷人？

原因是它的商品設計十分靈活，既孚合大資金的法人進出，也適合一般散戶交易；既宜長線布局，也可以短線交易。而如何從股市中獲利？秘訣就在於「投入」！

投資人若抱著「撩下去」的決心，把有關股票的各種知識與技巧一點一滴的學習成為自己的「功夫」，那麼，成功的機率就高很多。

相對的，若想走捷徑，聽電視老師說那一檔好就買進，沒有自己獨立判斷的能力，不管長線、短線，都不容易成功。

看盤，短線交易者一定要會，但對長線投資人來說，可以不用每天看，但一定要看得懂。

股價線圖記錄了交易的結果。而委買委賣最佳五檔則揭示了到達這個價格的過程。

▷ 你知道賣主和買主的計劃嗎：觀察五檔

買賣股票的方法有兩種，一種是「限價交易」也就是投資人自己設定一個價位，到達那個價位電腦將自動成交；另一種是「市價交易」也就是投資人不限定價位，買單以「漲停價」買入，賣單以「跌停價」賣出。

觀察五檔資訊能看出一部份目前想要買進與想要賣出者心中的價位與數量。以下圖為例。中間是限定的價格，左邊是預定要賣的單量，右邊是預定要買的單量，也就是說，目前交易所收所到預定在100元要賣出的有22張、在99.5元要賣出的有37張；在95.5元要買進的有54張……依此類推。以現在看買賣雙方沒有交集，所以沒有成交。

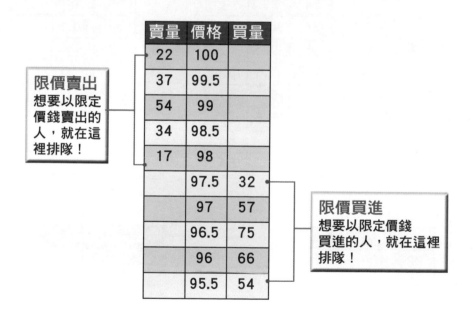

限價賣出
想要以限定價錢賣出的人，就在這裡排隊！

賣量	價格	買量
22	100	
37	99.5	
54	99	
34	98.5	
17	98	
	97.5	32
	97	57
	96.5	75
	96	66
	95.5	54

限價買進
想要以限定價錢買進的人，就在這裡排隊！

那如何才能成交呢？

若出現如下面三例，那麼交易都將成立──

例《1》：若出現有人以97.5元賣出20張；

例《2》：若出現有人以98元買進10張；

例《3》：若出現市價交易買進50張。

　　股價是「賣出狀態」和「買進狀態」價格和股數互相妥協的結果。因此，如果出現例《1》～例《3》的委託，交易將成立。

賣量	價格	買量
22	100	
37	99.5	
54	99	
34	98.5	
17	98	
	97.5	32
	97	57
	96.5	75
	96	66
	95.5	54

賣量	價格	買量
22	100	
37	99.5	
54	99	
34	98.5	
17	98	
	97.5	12
	97	57
	96.5	75
	96	66
	95.5	54

例《1》
以97.5元
賣出20張

賣量	價格	買量
22	100	
37	99.5	
54	99	
34	98.5	
17	98	
	97.5	32
	97	57
	96.5	75
	96	66
	95.5	54

例《2》
以98元
買進10張

賣量	價格	買量
22	100	
37	99.5	
54	99	
34	98.5	
7	98	
	97.5	32
	97	57
	96.5	75
	96	66
	95.5	54

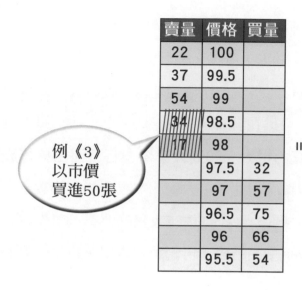

賣量	價格	買量
22	100	
37	99.5	
54	99	
34	98.5	
17	98	
	97.5	32
	97	57
	96.5	75
	96	66
	95.5	54

例《3》
以市價
買進50張

賣量	價格	買量
10	100.5	
22	100	
37	99.5	
54	99	
1	98.5	
	97.5	32
	97	57
	96.5	75
	96	66
	95.5	54

▷ **觀察五檔也要小心誤觸主力陷阱**

初次學看五檔揭示板的人也能反應出，「比較賣出和買進各自預定數合計，應該能夠預測行情的上漲或下跌！」

沒錯，版面上賣出量多，股價不易上漲；買進量較多股價不易下跌。而且即使買進有優勢，如果在某個價格出現大量的賣出委託，那麼，上漲趨勢將很難達到頂點……。

以上是很容易理解的事情，雖然五檔揭示板可以讓投資人瞭解檯面上多、空的攻守情況，但還是要小心謹慎。

首先，五檔揭示板不會顯示市價買進或市價賣出的情況。比如那

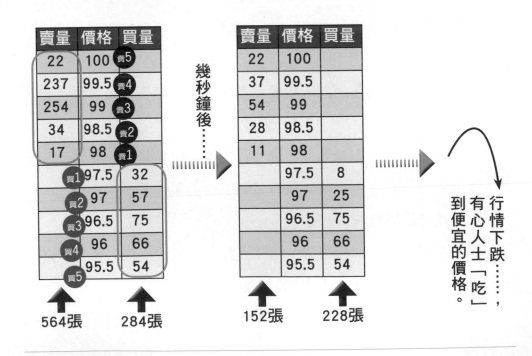

些心想：「價格不是問題，只要馬上成交就好」的投資人心理從版面中無法看出。因為討厭排隊的投資人不少，他們習慣以市價買賣。

另外，五檔揭示板也有可能是主力作價的地方，比方說，當股價已經被迫退到低點了，主力可以在賣1、賣2、賣3、賣4、賣5掛大量的單，使投資人以為賣壓真的很大，等到大家看壞行情而出售持股時，主力快速的取消委託賣單，如此，主力就「吃」到便宜的貨了。相對的，主力在買1、買2、買3、買4、買5布大量的買單，讓投資人以為會繼續上漲，等到大家追價的時候，再刪單並賣出，股價就可能快速的下跌。

賣量	價格	買量
22	100	賣5
237	99.5	賣4
254	99	賣3
34	98.5	賣2
17	98	賣1
買1	97.5	32
買2	97	57
買3	96.5	75
買4	96	66
買5	95.5	54

564張　284張

幾秒鐘後……

賣量	價格	買量
22	100	
37	99.5	
54	99	
28	98.5	
11	98	
	97.5	8
	97	25
	96.5	75
	96	66
	95.5	54

152張　228張

行情下跌……，有心人士「吃」到便宜的價格。

所謂的「內盤」指的是以現在的「買價」成交；「外盤」是指以現在的「賣價」成交，也就是看當時新增的買賣單是落在那一個價位來決定。以下圖為例，目前買進價是97.5，賣出價是98，這表示有人願意用97.5買進，而且掛了買單；也有人願意以98元賣出，並且掛了賣單，但上述這兩張單子並沒有交集，所以不會成交。

這時，如果小美手中有這檔股票，並願以97.5元賣出，其賣單就會跟目前的97.5元買單產生交集，於是就成了「內盤價成交」；另一位投資人小花花覺得用98元買進也還划算，就掛個買單，於是就會跟現在的98元賣單產生交集，就成交了「外盤價成交」。

賣量	價格	買量
22	100	
37	99.5	
54	99	
34	98.5	
17	98	
	97.5	32
	97	57
	96.5	75
	96	66
	95.5	54

內盤最高價和外盤最低價在盤中的變化是以掛單為準。比如98元的賣單都被買完了，此時外盤最低價就是98.5元了，然後再繼續撮合。

賣方：外盤價

外盤價目前最低是98元。
如果現在的成交價是98元，就是外盤價成交。

買方：內盤價

內盤價目前最高是97.5元。
如果現在的成交價是97.5元，就是內盤價成交。

　　至於市場會有多少像小美一樣願意用97.5元賣的投資人？有多少像小花花一樣用98元買的投資人？要看當時投資人對這檔股票的預期以及想持有(或賣出)股票的急迫性。簡單來說，如果大多數人看漲，那麼以「外盤價」成交的機會就高一些些；如果大多數人看淡，以「內盤價」成交就會多一些些。

　　一般看盤軟體或網站會秀出內、外盤的比例，它的意義是指截至目前為止，以內(外)盤價成交的佔總成交的比例是多少，所以兩者相加一定會等於100%。比方說，2012年10月4日11：14，台積電當天的內盤成交5974張，外盤成交11957張，內盤的成交比例是33.3%，外盤的成交比例是66.7%。外盤成交比例若明顯高於內盤成交比例很多，表示買盤強，股價容易上漲；若是內盤成交比例比外盤成交比例大很多，就表示賣盤強，股價容易下跌。

五檔	分時明細	統計	新聞	情報	技術分析	診斷

成交時間	買進價	賣出價	成交價	漲　跌	單　量
11:14:24	90.20	90.30	90.30	0.50	64
11:14:05	90.20	90.30	90.30	0.50	15
11:13:48	90.20	90.30	90.30	0.50	145
11:13:26	90.30	90.40	90.30	0.50	45
11:13:06	90.30	90.40	90.30	0.50	74
11:12:46	90.30	90.40	97.30	0.50	59

66.7% 11957	外盤		內盤	33.3% 5974

通過內外盤的比例，可以嗅到當天是主動性的買盤多還是賣盤多。但投資人最好能結合股價所處的位置與成交量綜合研判。因為就實際的情況，有時外盤成交量大，價格卻不一定上漲；內盤成交量大，價格卻不一定下跌。一般說來，如果股價已經跌了幾波，相對來講股價偏低，且成交量縮小，之後出現成交量慢慢變大，外盤大於內盤，股價上漲的訊號就比較可靠；相對的，股價已經漲了幾波，價位相對高，成交量也大，大有「漲到頂」的勢態，接著內盤大於外盤，股價下跌的訊號也會比較可靠。此外，外盤成交比例大增，但股價卻不漲，這種「怪現象」很可能是主力製造的假象，快賣出持股吧！相對的，若是內盤大量增加，股價卻不跌，同樣是「反常」，也有可能是主力假打壓真吃貨，就可以選擇站在買方。

Key-Word

注意「市價交易」！

「市價交易」是指無論價格是多少，都以當時跌停價（最低價格）買進，漲停價（最高價格）賣出的預定方法。

＊ 內外盤價漲跌效應

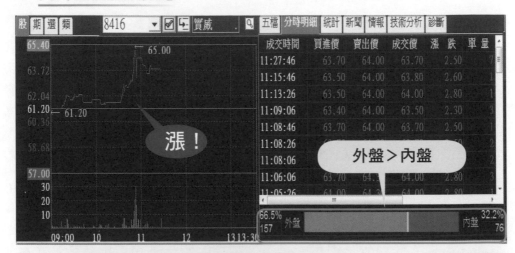

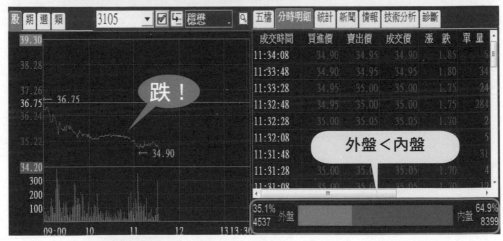

若成交內盤大於外盤很多，價又不跌，可能是漲勢。
若成交外盤大於內盤很多，價又不漲，小心是跌勢。

五檔與成交明細表配合起來的看盤方法是什麼？

本文直接以附表做說明。

某家企業早上10點31分，委託以112元賣出的有38張，以113元賣出的有20張……。

在交易時間內如果委託買進和委託賣出撮合成功(其中包含以市價買賣的單子)，買賣就成立，原本你在版面上看得到的委託單將從五檔的版面上消失。像這樣，每加入一筆委託單，最佳五檔的版面數字就會變動，而每成立一筆買賣，成交明細表的畫面就會閃爍一下並更新資料。這種「閃一下」「數字變換一下」的交易氣氛對投資人相當有感染力，能讓投資人明顯的感受到股市的氣氛。尤其是當沖交易者，更在乎頻繁的行情跳動。

看盤最精彩的地方是，盤面的氣氛突然發生顯著變化的瞬間。這些瞬間，往往是開始強烈上漲(下跌)的時候。

再回到附表。行情在10點30分之前，盤勢沒有什麼動靜，但在10點31分高價處突然多了很多賣單掛在那裡，讓氣氛有些沈重。但是，在10點34分突然出現大量買進，112元的38張賣單和113元的20張賣單都被消化掉了。這種交易成立的情形，可在「成交明細表」上查看，這個表就是股票交易記錄，股票每筆成交的記錄會秀在這裡，每成功交易一次，最下面的資料就會往上跳一個位置(有些軟體是由上往下跳，參考時間就知道)。以這個例子而言，10點32分連續進來大批的買單，讓原先在高價要賣的單子一個一個地消失了。

* **成交明細和最佳五檔的變化是一整套的。**

最佳五檔 10：31

買量	買價	賣價	賣量
4	111	112	38
5	110	113	20
12	109	114	25
13	108	115	18
16	107	116	10

> 掛賣的單比買的單多很多，看起來賣壓很重。

3 分鐘後……

最佳五檔 10：34

買量	買價	賣價	賣量
10	115	116	10
15	114	117	5
20	113	118	10
35	112	119	6
12	111	120	5

變多了→

> 委託的賣單被大量的買單消化，之後，還湧進很多買單進來。

成交明細表

在10：31在112元大的委賣單10：32時，全被買走了。

時間	成交	單量	總量
10：31	112	2	632
10：31	112	1	633
10：32	112	20	653
10：32	112	10	663
10：32	112	8	671
10：33	113	10	681
10：33	113	5	686
10：33	113	5	691

時間	成交	單量	總量
10：33	114	2	693
10：33	114	1	694
10：33	114	22	716
10：33	115	2	718
10：34	115	1	719
10：34	115	5	724
10：34	115	10	734

在114元又出現了大買單！

這樣氣氛的轉變，讓10點31分之前的沈重氣氛一下子改變了。因為強大的買進力量發揮作用，顯然市場上似乎存在著讓股票上漲的因素。投資人雖然還不明白是什麼利多因素，但盤面的變化往往率先消息反應，畢竟，股市必然存在著「消息靈通人士」。

　　受盤面氣氛影響，投資人開始敲進買單，在10點34分情勢變成買單量變多！短線交易者（如當沖）最傳統的交易模式就是一旦發現了股市出現這種勢頭，立即加入「人多的那一方」。

* 「五檔」、「成交明細」與走勢圖是短線的看盤要點

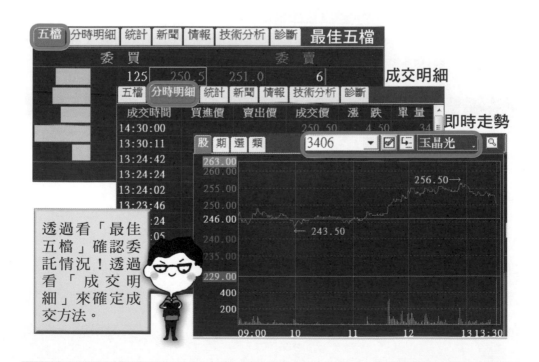

如何成為一個「盤感很好」的投資人？

股票能獲勝，「盤感」是因素之一，雖然盤感中有「感」字，但絕對不是光憑腦子臆測，沒有扎實的股票知識是不可能有準確的盤感的，大量的吸收國內外財經新聞，並具備財報、產業分析能力更是不可或缺。因為盤面上的走勢，最根本的趨動因素還是基本面，所以，訓練自己成為一個盤感好的人，不光只有盤面上的走勢看得懂，平日的學習與交易經驗都是根本。

而單就每日盤面的走勢，如何培養短線的盤感呢？

秘訣就在掌握「量大」時的盤面變化。

換句話說，就是投資人要把注意力集中在「從靜態急速變化到動態」的時機點。

具體如何運用在看盤上呢？歸納為以下的三點：

短線看盤重點 ❶ 即使出現了「量大的買單」也不能掉以輕心

看最佳五檔那裡出現量大委託單。是賣？還是買？委託要賣的量多，行情就容易下跌；委託要買的量多就容易上漲。

不過，股價變化沒那麼簡單！

例如，當出現了大量委託買單卻看不見行情真的上漲時，可以看作是「上漲動力不足的證據」。試想，如果搶這檔股票的人很多的話，大量的買方委託單(靜態的)應該會受到刺激，使得高價買進(動態的)應該會出現，但若實際上這個動態並沒有出現，也就是價格一直沒

有上漲，那麼那一些等得不耐煩的買方交易者就會大量取消委託甚至於反手賣出股票，原先大量的買單在盤面上會消失，最後甚至可能出現暴跌。這情況經常出現。

所以，當你發現「啊！出現了很多大量的買方委託單喔！我也買吧！」而以市價買入時，很可能才一瞬間明明很大量的買方委託單一下子就不見了！所以，要有靈活的交易思維，不能直接斷定出現量大的委託單就一定會走單邊行情。

* 即使出現了「量大的買單」也不能掉以輕心

> 即使量大的買單出現也不能篤定必漲，因為有可能——
> ① 出現大買單但價格沒上漲的情形；
> ② 大量買單和大量賣單抵消，行情還是不動；
> ③ 委託買單的投資人中途把委託單取消。

10:12:22

買量	買價	賣價	賣量
12	110	111	5
15	109	112	7
6	108	113	10
5	107	114	6
52	106	115	12

10:13:20

買量	買價	賣價	賣量
5	107	108	10
2	106	109	6
4	105	110	7
5	104	111	8
2	103	112	4

行情突然暴跌！

出現大量的委買量，但接近成交時
50張委託買單突然不見了！

短線看盤重點 2 量大的賣單被吃掉但仍保持高價時，要謹慎。

如果量大的賣出委託能順利消化，而且行情也真的是強力上漲，一般都會認為「對了！這是要上漲的強力證據！」

但是，在這種情形下，必須考慮成交的價位是處於高檔區還是在低檔區。低檔區直接把它看成上漲力強勁也是OK的，但是如果發生在持續上漲後，出現「量大的賣出委託被買進」的動態，將可能是上漲動力耗盡的標誌，之後可能出現暴跌。

* **在「量大的賣單」被吃掉但仍保持高價時，也需要謹慎。**

> 量大的賣單，指的是想以這個價格賣出的勢力很大，若能順利的被買單消化，可以判斷有上漲潛力。但是，如果這是在高價圈內發生，也有可能是要買進的人都買完了，能量耗盡行情即將轉為下跌。

買量	買價	賣價	賣量
4	109	110	300
12	108	111	20
7	107	112	15
21	106	113	18
10	105	114	7

一下子就被吃掉了……！

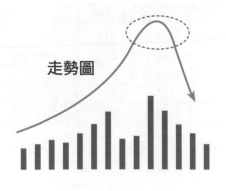

走勢圖

　　「五檔」也就是盤面中最多只出現買、賣各五檔，因此，在這之外還有很多「看不見的委託」所以投資人要養成揣測那些沒有在五檔之列及以市價進場的交易者心裡在想什麼。例如，行情雖然持續上漲，可是，很多投資人在看到股票價格持續上漲後，會想要立刻獲利了結，反而會出現賣單齊發的情況，如此就很可能出現暴跌。因此，要揣摩那些「看不見的投資人」，在接近重要的行情關卡時買、賣者的心態，重要的行情關卡，包括：

　　①過去出現過的最高價和最低價；②重要股價型態的關鍵價位；③重要的移動平均線；④整數關卡如：50、100這樣的轉折點。

＊ 要思考看不見的版面

買量	買價	賣價	賣量
10	112	113	5
12	111	114	4
7	110	115	5
8	109	116	2
9	108	117	6
		118	4
		119	15
		120	50

看起來股價上漲中……

看得見的版面

看不見的版面

例子中，雖還沒看見120元的賣單，但也許它真的存在。
投資人委託買賣的價位常在關鍵價處，所以遇些重要關卡，投資人要特別注意。當然，也不能忘記，許多人是以市價買賣，從盤面就更猜不出來。

Point 05 　**若想操作極短線,請教我如何選股。**

　　極短線交易是一種比較特殊的交易方式,例如當沖,跟一般選股方式有很大的不同。沒有所謂「這檔股票已經跌深了,或許會反彈…」這種模糊的、中道的選股思維,其選股標的往往就是最熱門、關注的人最多的個股。也就是熱門股與主流股。為提高極短線的交易成功率,選股必需符合以下三項條件――

① 價格變動幅度非常大。

　　如果再更具體的說明,因為當沖交易是要在一天之內完成股票的買和賣,為了獲得利潤,必需選擇在一天中股價變動幅度很大的個股。如果投資人當天期望利潤率為1%(假設投資金額為50萬元,賺5000元),一天之內的股價變動就需要3%左右。

② 流動性非常高。

　　另外,必須是成交量高的股票。要是成交量低的話,盤面上所列出的買賣掛單可能會是稀稀疏疏的,那就不能隨心所欲的買賣了。

③ 最好是自己熟悉的股票。

　　不論交易的週期是長期還是短期,投資人都需要懂得股票的分類,而這在以當沖為主的交易中更顯得重要,因為國內的股票有很明顯的類股齊漲齊跌的特性。例如,當奇美電漲停,勢必也會帶動友達、廣輝、華映、彩晶的表現;如果聯發科已經亮燈漲停,相關族群也會跟著上漲(概念股請上網查詢)。

概念股的分類跟上市類股十九類、上櫃類股十一類不同，齊漲齊跌的效應更明顯，所以，投資人平日就要關注概念類股的分類，碰到行情的時候就能立刻反應。

此外，時機也很重要，開盤前至少要先觀察以下幾個地方再決定今天到底適合極短線當沖嗎？若適合，是要站多方？還是空方？

* <u>今天是"當沖天"嗎？</u>

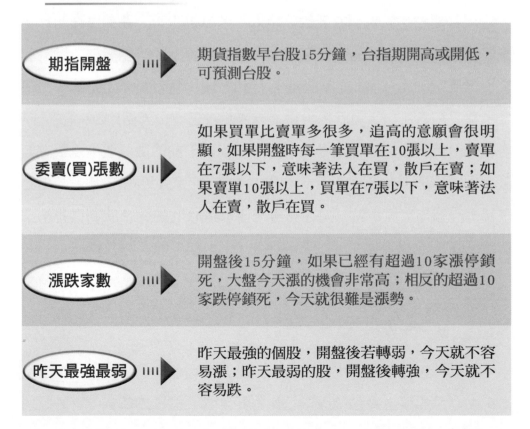

期指開盤	期貨指數早台股15分鐘，台指期開高或開低，可預測台股。
委賣(買)張數	如果買單比賣單多很多，追高的意願會很明顯。如果開盤時每一筆買單在10張以上，賣單在7張以下，意味著法人在買，散戶在賣；如果賣單10張以上，買單在7張以下，意味著法人在賣，散戶在買。
漲跌家數	開盤後15分鐘，如果已經有超過10家漲停鎖死，大盤今天漲的機會非常高；相反的超過10家跌停鎖死，今天就很難是漲勢。
昨天最強最弱	昨天最強的個股，開盤後若轉弱，今天就不容易漲；昨天最弱的股，開盤後轉強，今天就不容易跌。

想操作極短線，前一晚該如何選股呢？

簡單的說，原則就是捉住精力充沛的個股。

成交量，是一個必要的參考指標。

股市變動向來是「量比價先行」，也就是先看到成交量之後才比較有可能出現漂亮的價格。而這裡所指的成交量，並非「絕對值」的成交量而「相對值」的成交量。

任何一檔股票的成交量如果是前一天的兩倍或兩倍以上，就算是大量；若是成交量是前一天的一半以下就算是少量，雖然這種估算是概略的算法，但可以當成一個基本，而前面提到的「相對值」這三個字很重要哦！因為個股的動能是否足夠？價、量算多？還是算少？都是一種「相對性」，也就是說它不但要跟自己前一天相比(或前三天平均相比，因為是極短線交易，所以，看好幾天前的數據並不是很有價值)也要跟類股比、跟大盤比。如果站在這種「相對性」的比較基礎上表現很「突出」，那就一定存在著某種也許你現在不清楚(新聞也不一定會出現)，但事實上是存在著的利多（或利空）因素。

▷ **走勢突出的個股，有機會！**

所以，以當沖為前提的選股，應該要掌握住「異常」、「突出」的特點以選出適合操作的股票。比方說，當大盤跌的時候，有的股票

逆勢上漲，這就是一檔值得關注的股票。

為什麼呢？

試想，有什麼理由這檔股票會特別受投資人青睞呢？當大家都嚇得要死猛丟股票的時候，是什麼人？憑著什麼理由敢那麼大膽的買進股票呢？

我猜「是那些提早知道這家企業接獲大訂單的人吧！」或者「是已經知道公司派要準備護盤的吧！」……不管投資人怎麼猜，只要股票相對於大盤的走勢很特殊，那表示一定存在相當有力的理由在背後支撐，不管是預備大漲或大跌。要掌握這種異常、突出的股票，排行榜是很便利的工具。不止是盤後可以看當天交易的情況，盤中也能即時掌握。（圖為嘉實XQ排行榜範例。）

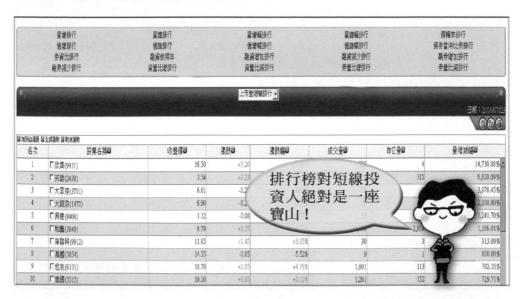

排行榜對短線投資人絕對是一座寶山！

* 成交量變化是選股關鍵(範例)

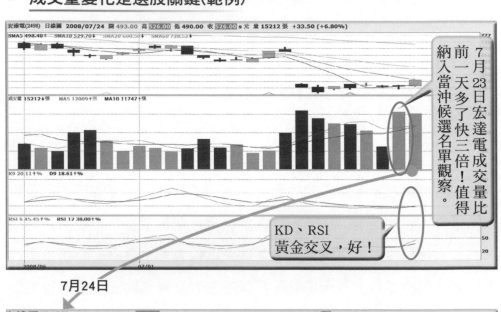

KD、RSI
黃金交叉，好！

7月23日宏達電成交量比前一天多了快三倍！值得納入當沖候選名單觀察。

7月24日

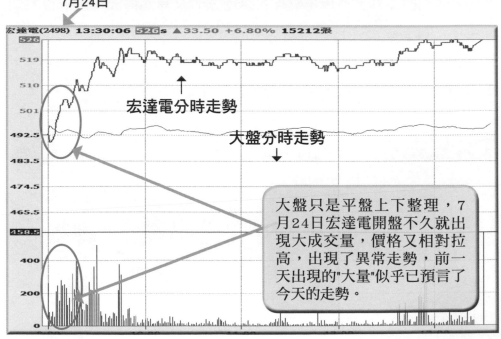

宏達電分時走勢

大盤分時走勢

大盤只是平盤上下整理，7月24日宏達電開盤不久就出現大成交量，價格又相對拉高，出現了異常走勢，前一天出現的"大量"似乎已預言了今天的走勢。

分K線圖的看圖法是什麼？

　　投資人最常看的是日線圖和週線，對極短線者必需具備的工具還有時間更短的分K線圖。常見的包括60分鐘K線、15分鐘K線、5分鐘K線圖、1分鐘K線圖等，甚至有人看TICK圖。英語TICK是時鐘走動的聲音，在股票中，表示競價約定成功的各個交易資料也叫TICK。

　　這麼短時間K線圖，應該如何看呢？

　　以5分鐘K線圖為例，它表示每5分鐘的4個價格（開始價、最高價、最低價、最終價）變化。5分鐘K線所排列成的K線圖形跟日線、週線看壓力、支撐、型態的方法都相同。其對股價和移動平均線位置關係的判斷和其他股價圖區別也不大，都是股價高於移動平均線時，可以看作是上漲趨勢；股價跌破移動平均線時原則上可以獲利了結或者停損。

　　以下以圖解5分鐘K線圖、1分鐘K線圖和TICK圖做說明－－

① 　5分鐘K線，捕捉瞬間行情動態

　　5分鐘K線圖表示一日內行情短期的變化。

　　一般配合觀察5分鐘K線常用6根移動平均線與12根移動平均線。也就是股價突破12根移動平均線的地方可以視為買點，反之則為賣點。其中還包括兩根移動平均線的死亡交叉與黃金交叉，也常被用來當成進出點。至於一般常用的計量化指標像RSI、KD、MACD等等，判斷方式也都跟日K線圖用法一樣。

* ## 短線交易中經常使用的5分鐘K線圖

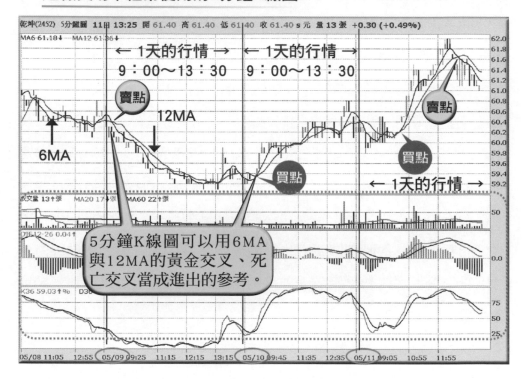

【5分鐘K線圖的移動平均線】

6MA 6 根移動平均線	12MA 12 根移動平均線
6×5分鐘 就是30分鐘移動平均價格 的連結線	12×5分鐘 就是60分鐘移動平均價格 的連結線

計量化指標與成交量的判斷方式與日、週K線的方式一樣。

② 1分鐘K線圖顯示最短期的波動

連結最近的高價和低價，得到趨勢線，捕捉到股價的方向性後再探尋買進和賣出的時機。

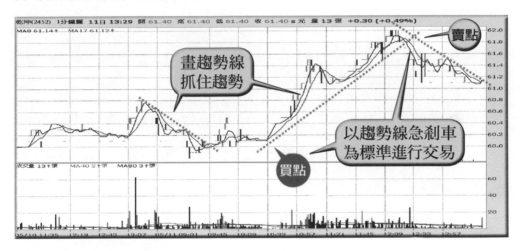

③ TICK圖的畫法

TICK股價圖按順序將交易時間內約定的所有價格用點表示。

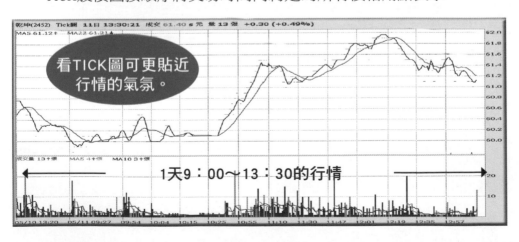

07 請詳細說明，用來預測當日漲跌的「開盤八法」。

先解釋什麼是「開盤八法」。

開盤，是一整天行情很重要的一個環節，因為多空雙方經過一夜的沉澱，相對於前一天的收盤而言，若是開高盤，說明人氣旺，搶股票的心理較多，市場有看好的一面，但是，若是開得太高，使得前一天買進的投資人心想「賺到錢了，落袋為安吧！」反而容易因為獲利回吐而把行情打下來⋯⋯。

如果開盤低，表示獲利回吐心切，或投資人看壞行情，認為即使損失一點只要能賣掉就好的心態，未來就有看壞的可能；但若開得太低，對行情有盼望的人可能認為價格夠便宜而買進⋯⋯。

如果開得不高也不低，說明多空暫時沒有戀戰的情緒⋯⋯。

▷ **開盤15分鐘，當日多空決戰的主戰場**

為掌握行情，日本投資人很早就研發出「開盤八法」，這套方法是利用開盤後15分鐘，每5分鐘的走勢（也就是9：05、9：10、9：15等三個時間段），以推估當天的行情。開盤八法並不是制式的公式，了解原則後，投資人可以自行變化應用，例如，也有人採第一個10分鐘、第二個10分鐘、第三個10分鐘研判當天趨勢。就看投資人了解開盤八法的原則之後，如何巧妙運用了。

此外，收盤的最後15分鐘，也有指標性作用，尾盤走淡的話，要

留心隔天可能開低盤，必要的話，就賣出以防隔天更強力的下殺；尾盤走強的話，也可以適當的持有，迎接第二天可能開高的行情。

* **開盤八法開盤模式的取樣方式**

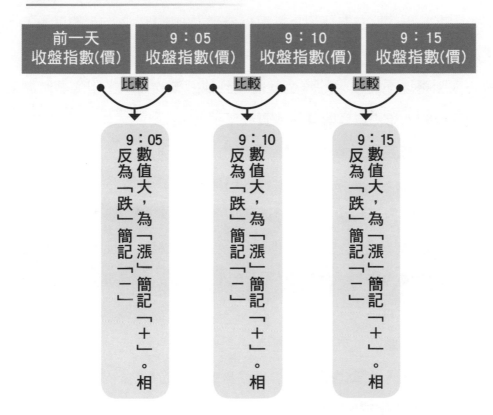

利用開盤模式研判一天行情就好處來看，它可以讓投資人有一定的依循規則，不致於對著盤面搞不清楚今天到底要站在多方還是空

方，至少可以降低「逆市操作」的風險性。但也有其缺點，比方說盤中有突發性利多或利空消息時，開盤八法的準確性將降低；另外，開盤八法不少老練的短線投資人都採用，這反而成為主力很好操控的「盲點」，當主力要誘殺散戶時，只要把開盤的圖形「做出來」讓投資人跟進，再伺機左右行情，就可以達到主力出貨(或吸貨)的目的了。這是因為開盤的前面15分鐘參與交易的投資人還不多，買賣盤不大，有心人士可以不需很大的資金就能達到他所要的目的，但隨著時間愈往後參與的人多，買賣盤就比較實在了。

此外，在盤整行情中，開盤八法也會變得訊號不明顯，此時，就需要搭配其他技術指標。

看圖解盤對於短線投資人很重要，尤其是看開盤跟看尾盤，這其中雖然有很多「規則」可循，但也因為這些「規則」反而可能被短線投機主力當成「陷阱」誘殺散戶，所以，學習的同時也要避免跳進主力的陷阱。

以下將以圖解的方式說明開盤八法的內容，不過，實戰場上還得配合量、時間、計量化指標、消息面等多面配合(更多內容請參考股票超入門1「技術分析篇」)。

開盤八法「準不準」呢？在開盤八法的綜合整理之後，我們舉截稿前一週的行情，每天檢視，看看準度有多高。

投資人也可以依照同樣的方式模擬練習。

＊ 開盤八法內容綜合整理

八法	排列方式	形成因素預測	當日趨勢預測	多OR空
1 連3漲	+++	■有利的題材出現。 ■關鍵價位點被突破或跳空突破。 ■大績優股領軍上漲。 ■處於上升趨勢中，大漲小跌。	■收中長紅。 ■次營業日短線仍有高點。 ■指標強勢股出現大紅棒或漲停。 ■價量配合得宜。	多
2 連3跌	−−−	■不利的題材出現。 ■關鍵價位點失守或向下跳空。 ■大績優股帶頭下跌。 ■處於下跌趨勢中，大跌小漲。	■下跌趨勢。 ■次營業日短線仍有低點。 ■指標強勢股出現大黑棒或跌停。	空
3 1漲2跌	+−−	■常在下跌趨勢中出現。 ■指標股已失去領軍作用與效果。 ■主力股有拉高出貨的可能	■下跌趨勢。 ■指標股可能下跌並出現大成交量。	偏空
4 1跌2漲	−++	■在上升趨勢中出現。 ■開盤後繼續上升但因獲利了結而反壓。 ■可能有主力介入。 ■高低檔換手時常出現。	■拉回整理時有買盤出手且追價意願積極。 ■震盪底部愈來愈高。 ■留下下影線以紅棒作收機率高。 ■次交易日有高點可期。 ■盤中價量配合。	偏多

八法	排列方式	形成因素預測	當日趨勢預測	多OR空
5 2漲1跌	＋＋－	■在上升趨勢中出現。 ■震盪趨堅。 ■底部漸漸高，但不一定能收在高點，有帶上影線的壓力。 ■價量配合上漲可期；若價量背離宜觀望。 ■指標股是大盤發展關鍵。	■原則上作多。 ■介入以當日強勢股為主。	偏多
6 2跌1漲	－－＋	■可能正處於盤跌行情。 ■反彈的行情也有可能。	■低檔可能有買盤。 ■選擇有指標性的個股為主。 ■易帶下影線，次日尚有高點可期。	偏多
7 1漲1跌1漲	＋－＋	■漲跌的幅度有限，屬於橫向整理的格局。 ■成交量不會太大。 ■指標股出現不強烈，或是沒有指標股。 ■行情不會太大變化。	■有可能盤跌，也有可能盤漲，暫時觀望。	盤整
8 1跌1漲1跌	－＋－	■漲跌的幅度有限，屬於橫向整理的格局。 ■成交量不會太大。 ■指標股出現不強烈，或是沒有指標股。 ■行情不會太大變化。	■有可能盤跌，也有可能盤漲，暫時觀望。	盤整

＊ 開盤八法應用範例－－－2012/10/01加權股價指數

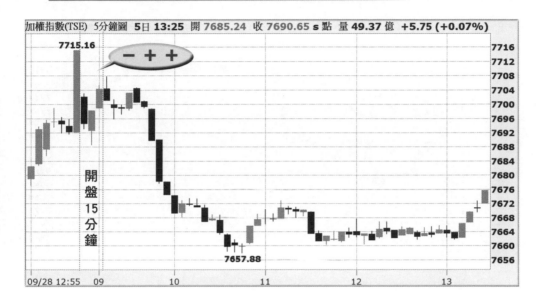

$$\binom{開盤15分鐘}{的走勢}\qquad\binom{開盤八法}{當日趨勢預測}\qquad\binom{2012/10/1當天}{大盤實際走勢}$$

- ■收中長紅。
- ■次營業日短線仍有高點。
- ■指標強勢股出現大紅棒或漲停。
- ■價量配合得宜。

說明：

開盤八法預期：不準！

10/1並沒有如預期收中長紅，而是收了小黑K，但隔天(10/2)的確如預期的「另有高點」。

* ## 開盤八法應用範例二－－2012/10/02加權股價指數

(開盤15分鐘 的走勢)	(開盤八法 當日趨勢預測)	(2012/10/2當天 大盤實際走勢)

 ■原則上作多。
　　　　　 ■介入以當日強勢股為主。

說明：

開盤八法預期：準！

10/2大致如描述震盪趨堅收小紅的走勢。

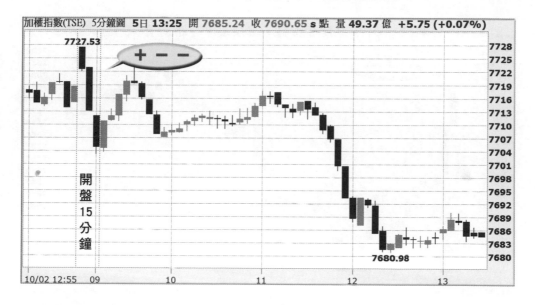

開盤15分鐘 的走勢	開盤八法 當日趨勢預測	2012/10/3當天 大盤實際走勢
	■下跌趨勢。 ■指標股可能下跌並出現大成交 　量。	

說明：

開盤八法預期：準！

10/3如描述屬於下跌趨勢，收了一根不小的黑K棒。

* <u>開盤八法應用範例四－－2012/10/04加權股價指數</u>

加權指數(TSE) 5分鐘圖 5日 13:25 開 7685.24 收 7690.65 s點 量 49.37 億 +5.75 (+0.07%)

開盤15分鐘的走勢 | 開盤八法當日趨勢預測 | 2012/10/4當天大盤實際走勢

■ 下跌趨勢。

■ 次營業日短線仍有低點。

■ 指標強勢股出現大黑棒或跌停。

說明：

開盤八法預期：不準！

10/4一開盤跌勢很猛，因跌勢太急底部出現支撐，雖然尾盤強勢拉起行情，但次日(5日)如開盤八法的趨勢預測一樣，繼續出現低點。

＊ 開盤八法應用範例五－－2012/10/05加權股價指數

$$ \left(\begin{array}{c}開盤15分鐘\\的走勢\end{array}\right) \qquad \left(\begin{array}{c}開盤八法\\當日趨勢預測\end{array}\right) \qquad \left(\begin{array}{c}2012/10/5當天\\大盤實際走勢\end{array}\right) $$

　　■有可能盤跌，也有可能盤漲，暫　　
　　　時觀望。

說明：

　　開盤八法預期：準！

　　10/5走勢如開盤八法的趨勢預測一樣，屬於「盤局」，收盤收了

十字線，說明投資人處於一種觀望的心態。

05章

STOCK

進場、出場模組化
教你必賺的交易紀律

Point **01** **股票獲利的長期、中期、短期策略為何？**

第一次買股票的人總會問「XX股好不好」？

這是不正確的，在投資股票之前，最好的方式是先問問自己，你手上的錢是要進行短期的？中期的？還是長期投資計畫。

每一個人對所謂的「短、中、長」期投資的解讀不同，你可以參考下表的方式，也可以自己擬定投資周期，總之，投資賺不賺得到錢，規律是很重要的，因為一旦失去規律，就容易上漲時捨不得賣，下跌時又賣不下手，如此一來，即使選對股票也不容易賺得到錢！

操作方式	期間	選股方向	獲利目的
短期	5～7個交易日	☆有題材 ☆股價上下震盪大	賺取短期震盪差價。
中期	20～30天	☆股票體質佳。 ☆波段低點。	賺取波段差價。
長期	一季到三年	☆經營理念佳。 ☆有長線爆發力的產業與公司	當股東心態。 會參加除權息。

▷ **短期操作策略重點－－個股的動能如何？**

有些投資人買股票是「不放假」的，也就是說，他們的股票買進後，會在一周內處理掉，也許設定3～5％的停損停利點，賺到就跑，

萬一沒有看對行情，也絕不戀棧。

短線投資者「不貪多、不等待」的心理準備要很充足，若是能嚴守這種投資原則，就算不懂什麼基本面，又是忙碌的上班族，只要懂技術分析(股價圖分析)、會看盤，其實也可以賺到錢，因為基本面不錯，股價一周內上下震盪5～10％的股票有不少。

採短期操作策略，股票的價格到底「值」多少，往往變成是第二順位該考慮的，反正卯定了就是要賺它震盪的差價，若把一大堆選股與交易原則全都納入考慮，反而容易模糊選股焦點。

▷ 中期操作策略重點－－個股的未來成長性如何？

中期操作型的投資人，建議要多留心公司本身的成長。

投資股票跟經營公司道理一樣，「成長」永遠是第一位，不但營收、營利要有成長，而且成長的速度不能太慢。

追求成長性的投資標的，不是沒有風險，像早期網路股泡沫化，來得急去得也快，這種成長型的股票雖然後來泡沫化，但許多做中線投資的投資人，把停損停利點嚴守住，行情一段一段地賺，當產業成長受阻股價漲不上去就快快出場，還是有利可圖的。

▷ 長期操作策略重點－－是否用低價買進有價值的個股

　　長期投資可以放到三年甚至更久，報酬率期望值在30％以上都算是合理的。不過值得注意的是，現在產業變動很快，大約每隔兩、三年就有一個產業會興起，能不能持續散發熱力，投資人得用心的觀察。所以，即使抱定長期的投資，也不可能買了就不理它，一旦發現產業前景走下坡、獲利能力欠佳，就不能戀棧。

　　過往的產業大多有土地、廠房等固定資產，即使要敗亡也「百足之蟲死而不僵」，但現在「智價產業」興起，跟不上市場的企業要垮的速度是很快的，因此，長期投資者一定要有風險控管觀念。

　　長期投資要賺到錢，道理很簡單－－就是買到便宜的股票！

　　一家公司具有100元/股的潛力，目前市價只有40元/股，你就現在用40元價格買進，等到它快到100元時賣掉就能獲利。

　　加減乘除很簡單，但你如何評估股票價值？這就是門大學問了。

　　能選到具有長期投資價值的標的，也就是股票的價格目前是被市場低估的，投資人必須逆市場而為，要大膽的逆勢操作，自己必須對股票投入相當的心力，才能對歷史價格、每年配息配股、產業前景、獲利能力、股東變化、經營策略都熟悉，最後才會有自己的「買進賣出目標價位」。其中必要了解的包括PER、PBR、ROE等指標。

　　長期投資者花在研究與等待的時間非常多，而且常是單一產業或企業「集中火力」的研究，有興趣從事價值投資者可以參考：股票超入門３－基本分析篇(249元/恆兆文化出版)一書。

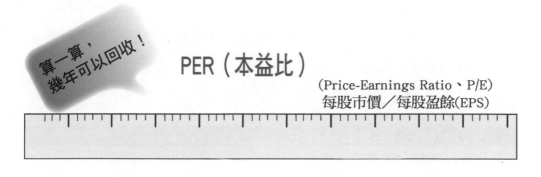

算一算，幾年可以回收！

PER（本益比）

(Price-Earnings Ratio、P/E)
每股市價／每股盈餘(EPS)

數一數，比本錢便宜嗎?

PBR（股價淨值比）

(Price-BooK Ratio、P/B)
每股市價／每股淨值

量一量，經營能力強嗎?

ROE（股東權益報酬率）

(Return on Equity)
稅後淨利÷加權平均股東權益×100

Point **02** 　　**何時進場勝算最大**

　　何時是進場買股票的最佳時機呢？

　　這是一個「大哉問」。

　　本文僅就技術面與實戰面做回答，也就是說，若投資人掌握了以下幾個要點，就技術性來說，當考慮到這些要點之後再進場買股票，成功的機會將提高很多。

掌握進場要點 ❶ 注意行情趨勢

　　留意長期的**趨勢**，知道大的**趨勢**是上升或下降，股價目前在那一個位置，當研判整體趨勢為下降趨勢的話，停利與停損都必需要快不能拖拖拉拉；反之若是上升趨勢，停損停利就可以多做觀望。

　　雖然說停損停利本來就該乾脆明快，好像沒有什麼不同，但股票市場上還是應區分強、弱以對應自己的交易策略。

　　值得注意的是什麼叫「長期趨勢」呢？進一步說，就是用大趨勢保護小趨勢。

　　例如，你計畫進行幾天的短期交易，進出是採用日線為標準，但在出手買進前，應先用大**趨勢**（例如用週線圖）評估目前行情的**趨勢**是否為向上；又如，你計畫做當沖交易，因此，進出是採用五分鐘線為標準，但在出手買進前，應先用大**趨勢**（例如用日線圖）評估目前行情的趨勢是否為向上，也就是用週線保護日線，用日線保護分線的意思。

掌握進場要點 2 趨勢明朗時，放大資金量，反之則縮小

就資金量方面，當趨勢明朗時可加大，若趨勢不明朗時就必須節制謹慎。以上是個很簡單的道理－－對行情有把握時下大注，若沒有把握就減碼。

許多人(尤其是老手)無法做到這一點，因為無法忍受「空手」。但股市的走勢不可能你永遠都看得懂，就連巴菲特在股海中「玩」了半個世紀以上，都得趁行情低檔才出手，更何況一般民眾呢？所以，不熟悉行情的新人，進場一定只能用小額交易，從零股開始買最優，一面可以訓練自己，一面能測試行情。

掌握進場要點 3 注意新高價、新低價的出現

應經常留意市場的共識，當超越最高價可解釋為有大買盤介入，而跌破最低價，則可解釋為有大戶在賣出！

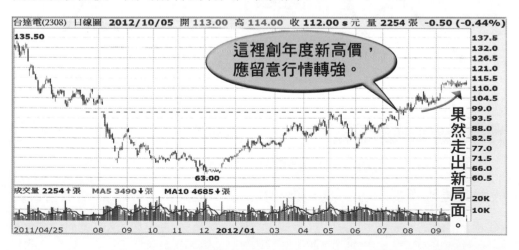

掌握進場要點 4 看懂行情處於那個階段

　　知道股價變動的類型也是重要的（詳見「股票超入門⑤ 波段飆股」一書）。例如，當行情由上升轉為下降，第一次發生下跌反彈，可能還會繼續上漲，但若股價再跌第二次且下降幅度加大時，投資人此時就應該賣出了，因為第1次或許可以解釋為偶然，但若第二次跌破之前的最低價，已不能說是偶然，這也是有名的技術分析理論艾略特波浪理論的應用。

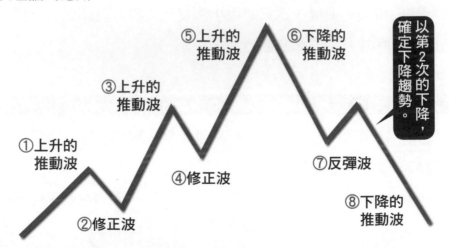

掌握進場要點 5 利用趨勢線提早布局

　　當股價跨越在這之前的最高價與最高價所連成的上升壓力線時，說明在這裡可能即將上漲，是可以買進，但這個時候未能確定是否能超過最高價，故只可視為暫定的上升。因為評估是暫定的上升，雖然

股價變動幅度可能會很大，但停損的機率也會增加，故應保守以對。

另外，之後的行情即使超過最高價，但K線若為陰線；或跌破最低價但當天的K線為陽線，這都表示市場上投資人尚未形成共識……

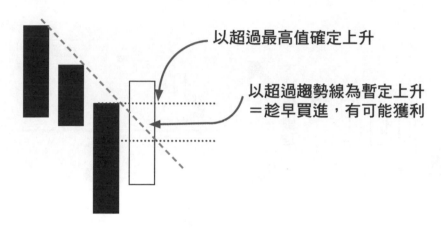

以超過最高值確定上升

以超過趨勢線為暫定上升
＝趁早買進，有可能獲利

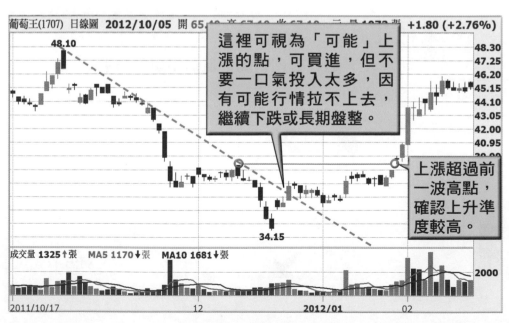

葡萄王(1707) 日線圖 **2012/10/05** 開 65.10 高 67.10 收 67.10 元 量 1073張 **+1.80 (+2.76%)**

48.10

這裡可視為「可能」上漲的點，可買進，但不要一口氣投入太多，因有可能行情拉不上去，繼續下跌或長期盤整。

上漲超過前一波高點，確認上升準度較高。

34.15

成交量 1325↑張　MA5 1170↓張　MA10 1681↓張

2011/10/17　　　12　　　2012/01　　　02

48.30
47.25
46.20
45.15
44.10
43.05
42.00
40.95

2000

* <u>在採取行動後，如果出現這種形狀就需要注意</u>

【①股價漲勢趨緩，出現上影線K線】

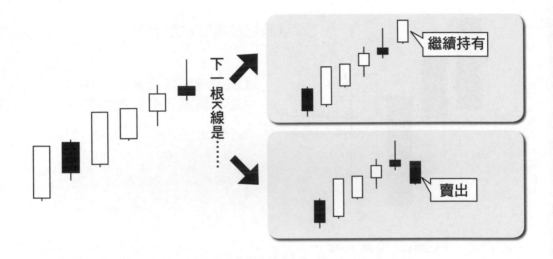

【②上升過程雖創新高，但仍出現陰線】

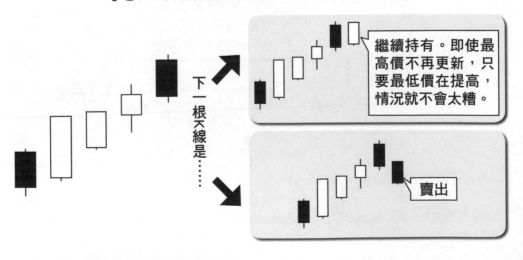

【③出現大陰線】

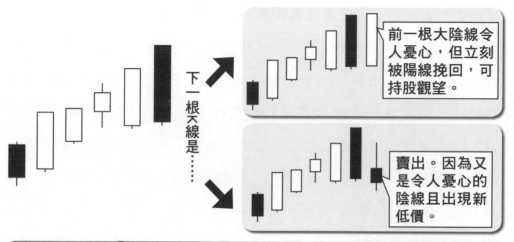

下一根K線是……

前一根大陰線令人憂心，但立刻被陽線挽回，可持股觀望。

賣出。因為又是令人憂心的陰線且出現新低價。

掌握進場要點 ⑥ 避開行情盤整期

當行情的方向性處於不明朗的「膠著」狀態時，即使很努力地遵守規則也有可能無法獲利。因此，儘量避開行情盤整期。

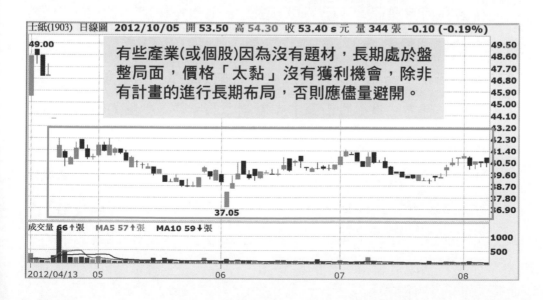

士紙(1903) 日線圖 2012/10/05 開 53.50 高 54.30 收 53.40 s 元 量 344 張 -0.10 (-0.19%)

有些產業(或個股)因為沒有題材，長期處於盤整局面，價格「太黏」沒有獲利機會，除非有計畫的進行長期布局，否則應儘量避開。

成交量 66↑張　MA5 57↑張　MA10 59↓張

Point **03** 何時結清持股賺最大

　　買賣股票目的在於獲利，如果不執行一買、一賣「結清」（先買後賣或先賣後買），就無法實現獲利的目的。換句話說如何在這一買一賣之間賺進差價是重要的，因此應對「出現這樣的行情，就這樣應對」有所準備。如果不做這種準備，投資人每每受行情的波動影響交易情緒，可能會陷入過度猶豫或過度躁進而無法冷靜的執行清理策略。最常發生的情況是買進股票後，行情漲了，正拿不定主意要不要賣時，股價卻下跌了，於是就想「應該還會再回升吧」，就這麼猶豫著，使得損失越來越大……。

▷　**出清股票的兩種標準**

　　確定在何時進行「清理」的方法之一是預先設定目標，即「價格變成多少時，賣出！」。要建立這個「清理」的標準，可以採用目標數字的方法，例如「買進股票漲了10%就賣掉」或「漲了5元就賣掉」；另一種方法是從股價圖中查看壓力的所在，把壓力價格做為清理股票的目標（放空的人就以支撐價格做為清理股票的目標）。

　　第一種數字清理法無需贅述，單純的只是數學加減，其缺點是如果行情走勢持續，那麼使用數字清理的方法獲得的收益可能有限。對此，如果認為「已經不錯了，不必那麼貪心」能夠想得開就罷了，可是，如果行情處於難得一見的好勢頭，投資人設定賺進5元的利潤，但

最終卻漲了50元，真叫人後悔莫及。

　　第二種清理的方法是買進後以當前的壓力價為目標，理由是行情一旦漲上來到了壓力區，會有「難以上漲的壓力」也就是預示著「這裡的行情有被推回去的可能性」，但是換另一個角度來說，這個壓力位置也是「如果超過這個壓力價就是買進的訊號」。因此，投資人如果在遇到壓力點已經賣掉，但行情越過壓力之後又再大漲一波，那麼情況就跟你用數字清理法的結果是一樣的，都是「在購買訊號出現之前，很可惜的把股票賣掉了」。那該怎麼辦呢？

▷　防止太早賣出的辦法

　　為了防止這種令人後悔的事出現，在進行清理之後，如果良好的走勢還在持續，應當再次尋找進場的機會，把握住好行情。

　　就這麼簡單！

　　然而，這種看似簡單的觀念，一般人沒有經過「歷練」與「推演」並不容易做到。因為"人"的天然個性是以"自己"的角度去看事情的，如果你在50元買進，55元賣出，等到行情越過56元的壓力價格，來到58元但走勢仍十分良好時，投資人的心裡容易出現「當初我買的時候那麼便宜，現在漲到這麼高，現在再進場買的話就虧了」。如果這麼想的話，那就只能眼看著大好的走勢卻抓不住了。

＊ 避免賣得太早的處置

秘訣：接近壓力時就賣出，一旦越過壓力再次出現買進訊號時再重新買進。

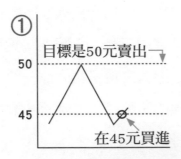

① 目標是50元賣出
50
45
在45元買進

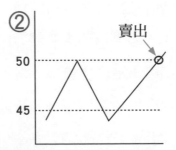

② 賣出
50
45

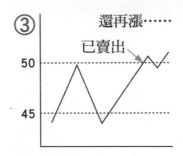

③ 還再漲……
已賣出
50
45

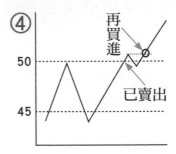

④ 再買進
已賣出
50
45

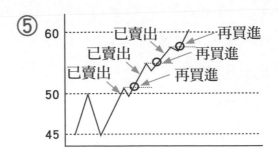

⑤ 60
已賣出　　再買進
已賣出　　　再買進
已賣出　　再買進
50
45

前面講的是在獲利的情況下如何結清股票，萬一股價沒有達到事先所設定的目標價格，也應該事先套好出場模組。

▷ 根據盤面結清與想及早結清的兩種方法

股票投資不管是否達成目標，應該時時謹記「獲利」才是最重要的，而不是「賭」。

因此，如果制定了目標值，也應該有做最壞的打算，即事先想好「萬一未達到目標應該怎麼辦」。

換句話說，就是採般「隨盤面變化而採因應措施」的清理方法。例如，根據「超過近期最高價，買！」的訊號買入，在上升勢頭持續時繼續持有，但若出現「跌破了近期的最低價」就賣出；或者，根據「股價高於移動平均線時買入」當出現「股價低於移動平均線就賣出」。

如果想及早進行清理，另一種可採用的方法是，買入後在不斷創新高的期間內持有，一旦行情不再創新高，立刻賣出。或者，在買入後如果低過以往3天內(或4天、或5天內等等)的最低價就立刻清理，如此循著有紀律有計畫的規則交易。

無論採用哪一種方法，關鍵是預先要知道「變成哪種狀態時就清理」，而且如果出現了這種狀態，就要按照原計劃來實施。

* 根據股價動向進行清理的規則【一般的清理原則】

方法① 上漲期間繼續持有，一旦跌破最近的最低價就進行清理。

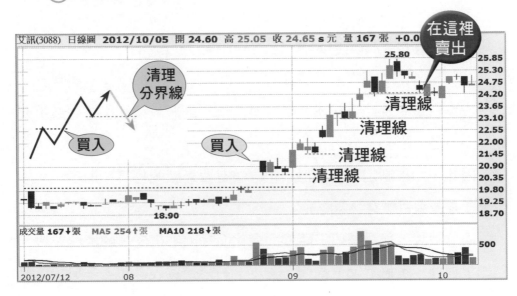

方法② 如果低於移動平均線就清理。

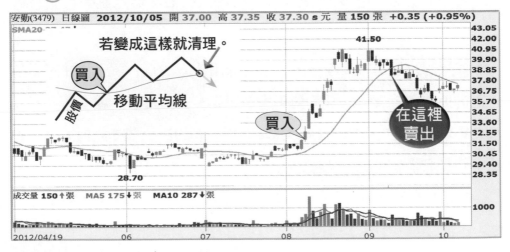

* 根據股價動向進行清理的規則【即時性的清理原則】

方法 ① 一旦最高價不再創新就清理。

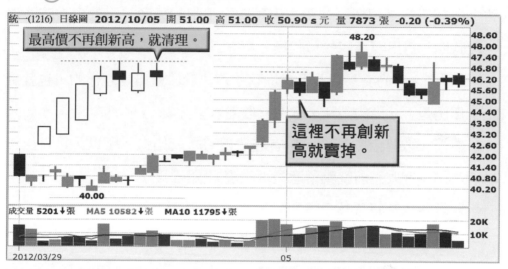

統一(1216) 日線圖 **2012/10/05** 開 51.00 高 51.00 收 50.90 s 元 量 7873 張 -0.20 (-0.39%)

最高價不再創新高，就清理。

48.20

這裡不再創新高就賣掉。

40.00

成交量 5201↓張　MA5 10582↓張　MA10 11795↓張

2012/03/29　05

方法 ② 若跌破近期的幾根（3根、5根……）K線最低價就清理。

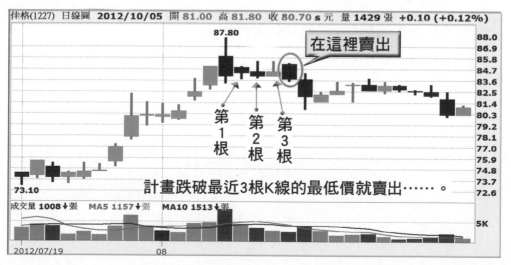

佳格(1227) 日線圖 **2012/10/05** 開 81.00 高 81.80 收 80.70 s 元 量 1429 張 +0.10 (+0.12%)

87.80

在這裡賣出

第1根　第2根　第3根

73.10

計畫跌破最近3根K線的最低價就賣出……。

成交量 1008↓張　MA5 1157↓張　MA10 1513↓張

2012/07/19　08

04　最宜買進與賣出圖形有那些

K線本身的形狀也是重要的進、出參考標準。

本節歸納了六種必要牢牢印在腦子裡的圖形，是具體的交易訊號，已經選好目標個股若還未出現適合出手的局面，那就再暫時觀察一段時間，等出現良好的形狀後，再進行交易。

另外，K線的交易訊號形成與否，取決於收盤價是怎樣的，也就是說，作出是否交易的判斷，取決於收盤水準。

然而，收盤價的高低，只有在收盤時才能知道，所以，以日線交易者為例，在收盤前就應留意是否出現訊號。

若計畫以數個月為投資期限，並以週K線圖為訊號，每週的收盤價（一般是指星期五的收盤）就決定了這一週的K線的形狀。同樣的也應在走勢的過程判斷當週收盤的水準，以做為交易的提前訊號。

* 適合買入的圖形－－①處於漲勢，越過壓力線

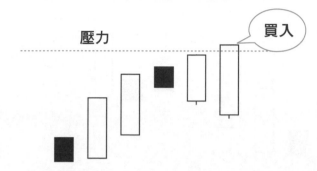

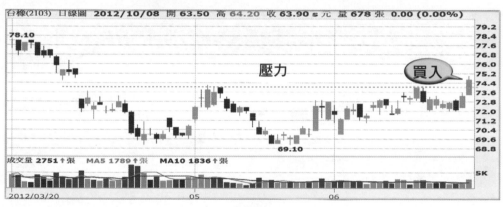

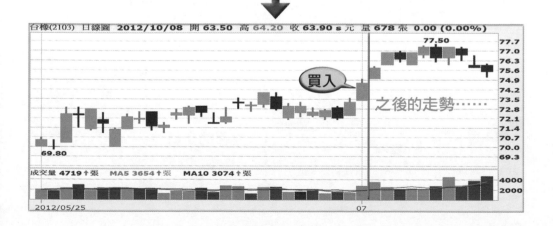

* <u>適合買入的圖形－－②上漲過程中突然下滑，又上升</u>

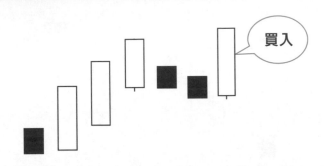

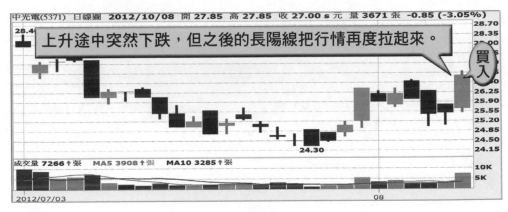

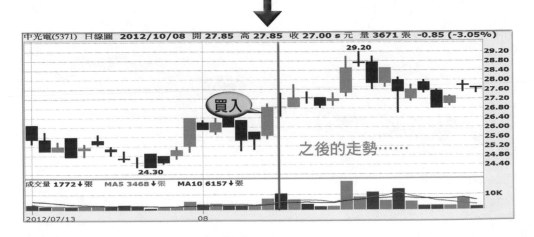

＊ 適合買入的圖形－－③陽線突破平穩漲勢且停在壓力線上方

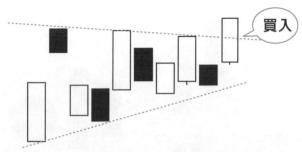

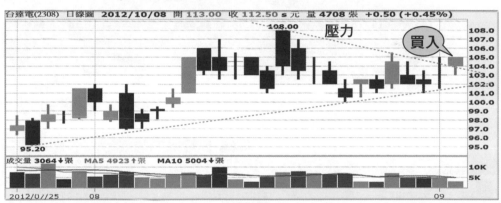

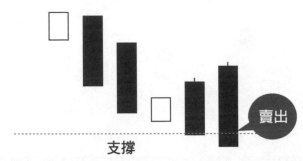

＊　**適合賣出的圖形－－①處於跌勢，是陰線**

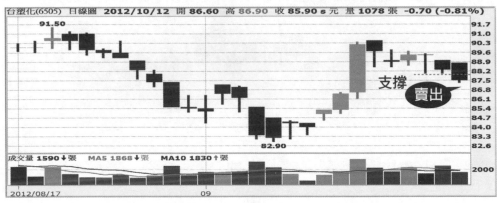

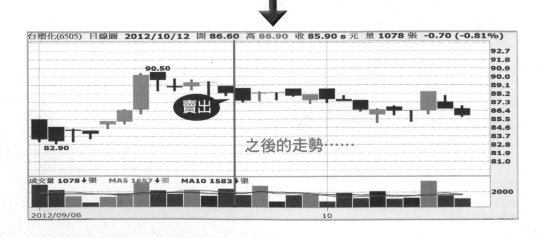

適合賣出的圖形－－②下跌過程中突然上升，又下滑

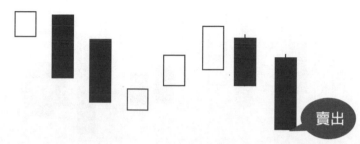

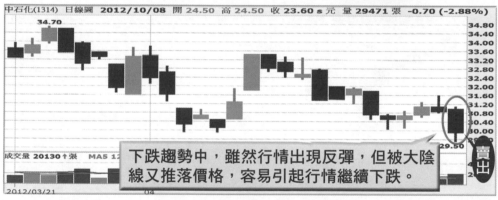

中石化(1314) 日線圖 2012/10/08 開 24.50 高 24.50 收 23.60 s 元 量 29471 張 -0.70 (-2.88%)

下跌趨勢中，雖然行情出現反彈，但被大陰線又推落價格，容易引起行情繼續下跌。

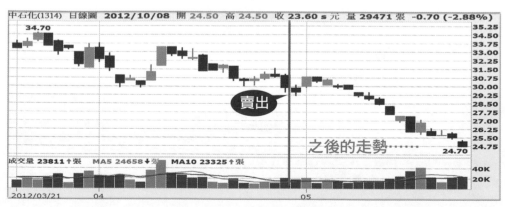

中石化(1314) 日線圖 2012/10/08 開 24.50 高 24.50 收 23.60 s 元 量 29471 張 -0.70 (-2.88%)

賣出

之後的走勢……

* **適合賣出的圖形ーー③陰線突破盤整且停頓在支撐線下方**

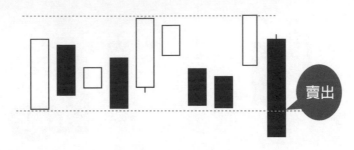

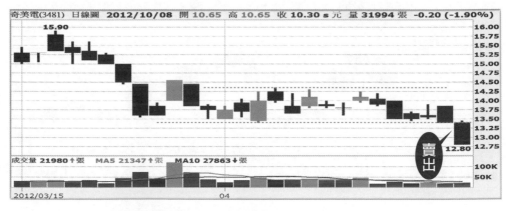

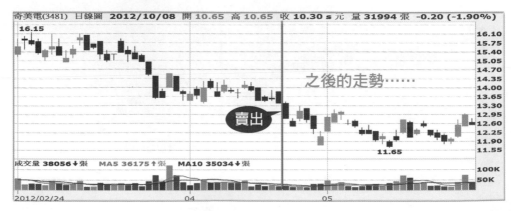

停損標準的模組化

股票買賣的清理，除了看對方向產生帳面收益，也有可能是看錯方向面臨必需停損的情況。就像本書反復強調的那樣，股價圖的訊號並非「絕對可靠」。

也正因為如此，在剛剛買入或賣出的時候，如果行情與自己預想的方向相反，就需要及早停損。所以，事先設想在什麼情況下必需停損的判斷非常重要。如果能確定好停損標準，並確實實施，就能避免在股票交易中蒙受巨額損失。

停損，最簡單的辦法是根據股價圖的訊號來操作。如果買入股票後，股價跌破近期的最低點，那麼無論買入價格是多少都應該賣出；此外在移動平均線以下也應該賣出。在這種情況下，需要清楚地確定近期的最低點是幾元以及作為參考基準的移動平均線是哪一條。

* **停損的模組1――若低於近期最低點就放棄**

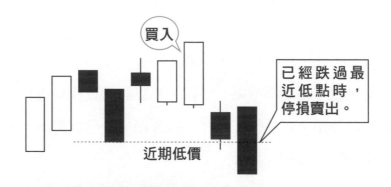

買入

已經跌過最近低點時，停損賣出。

近期低價

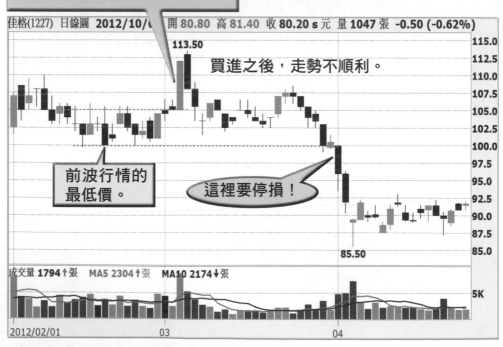

這裡的大陽線，讓人以為行情突破盤整區，將有所表現。

佳格(1227) 日線圖 **2012/10/** 開 **80.80** 高 **81.40** 收 **80.20 s** 元 量 **1047** 張 **-0.50 (-0.62%)**

113.50

買進之後，走勢不順利。

前波行情的最低價。

這裡要停損！

85.50

成交量 **1794**↑張 　MA5 **2304**↑張　 **MA10 2174**↓張

5K

2012/02/01　　　　　03　　　　　04

＊ 停損的模組２－－若均線以下就放棄

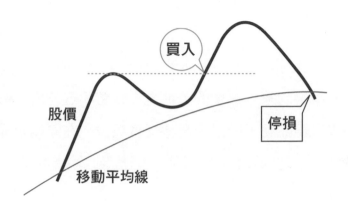

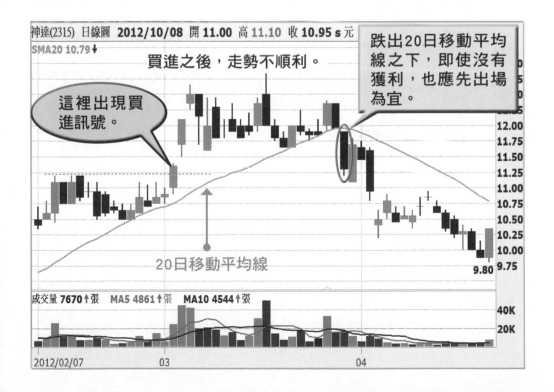

Point **06** **遇到「陷阱」時的因應對策**

　　根據股價圖訊號進行買賣必須事先想好配套，舉例來說，自以為是出現了購買的訊號，可是隨後股價卻大幅下跌，應該承認自己誤入「陷阱」採取因應對策。

　　避免「陷阱」的第一條，就是要對訊號謹慎判斷－－

　　如果是移動平均線，採用的天期愈長就愈不容易出現假訊號，但是也愈不容易出現訊號，所以交易機會就較少。在剛開始操作時，如果以較長的移動平均線為目標，那麼一旦出現了穩定可靠的訊號後，就可以採取行動。

　　不過，即使訊號可靠，如果遭遇「陷阱」，也可能會蒙受巨大損失。因此，在發現自己可能看錯了也要漂亮的脫身，切記，不要在已經知道誤入陷阱了，還期待「奇蹟」出現，一般來講，若沒有明快的處理已經發現「買錯了」的股票，時間拖愈久就愈難下得了手。

　　試想，用50萬本金進行交易，賠了1萬塊，停損只會「痛一下下」，若已經賠了5萬，想要停損就需要更大的決心，但若已經賠30萬以上，很可能完全放棄「停損」這回事而不想進行任何處理了。也就因為這種心態，常聽到有股友說他到現在還持有幾十年前千元買進的國泰金（2012年10月中市價約32元）。所以停損這件事還真是挑戰人性！

　　應對「陷阱」的策略其實十分簡單，就是在出現買入訊號後一但發現買入訊號消除，就應立刻出場。例如前一天出現買入訊號的陽

線，被翌日的陰線勢頭壓倒，或者已經跌超過移動平均線，這時可以認定前一天出現了陷阱，應當開始撤出，這樣做，即使有所損失，數額也不會太大。千萬不能認為「我昨天剛買，今天就虧了，我不能接受」。事實上，股市上出現虧損的原因之一就是，儘管已經知道「做錯了」，卻仍然不採取任何對策，如果在進行清理之後，股價恢復到原來的走勢，就可以重新入市，即使失敗了，只要及時採取對策，也能夠來得及挽回，

在開始交易之前確定方針當然很重要，但是，在採取行動後，往往會出現自己預想不到的情況。只有根據情況靈活應對，方可在遭遇行情突變前，保存收益、並盡可能將損失降到最小。

* **誤入陷阱要即時結清範例 1 ――超過前一個最高價時買入……**

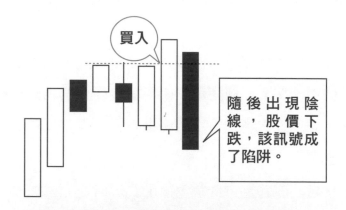

買入

隨後出現陰線，股價下跌，該訊號成了陷阱。

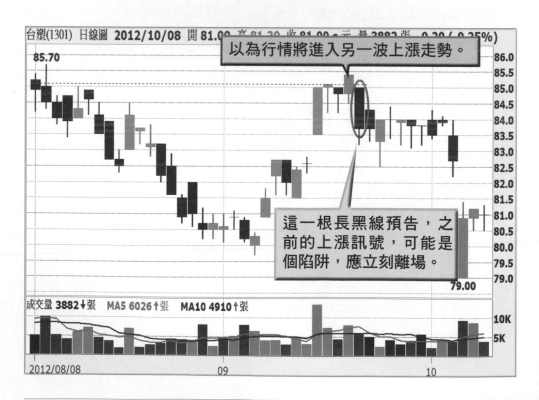

以為行情將進入另一波上漲走勢。

這一根長黑線預告，之前的上漲訊號，可能是個陷阱，應立刻離場。

＊ 誤入陷阱要即時結清範例２－－以為只是突然下跌而買入……

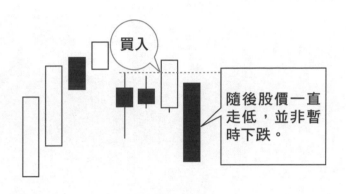

買入

隨後股價一直走低，並非暫時下跌。

鴻準(2354) 日線圖 **2012/10/08** 開 114.50 高 114.50 收 110.50 s 元 量 10996 張 -3.50 (-3.07%)

這根陽線把上漲途中「突然下跌」的行情拉上來，讓人以為上漲行情仍要繼續。

隨後的這根陰線預告了，之前的判斷並不正確，原來這是個陷阱，應立刻結清出場為宜。

成交量 **9616**↓張　MA5 **8933**↑張　MA10 10229▼張

投資好書
富足人生

貨到付款

享折扣＋免運費

訂購電話：
（02）27369882

購買恆兆圖書的 4 種方法

第 1 種
貨到付款

請打 02.27369882 由客服解說。

第 2 種
劃撥郵購

劃撥帳號　19329140
戶名　恆兆文化有限公司

第 3 種
上網訂購
（可選擇信用卡）

請上 www.book2000.com.tw

第 4 種
來電或傳真
由銀行 ATM 匯款

銀行代碼 (006) 合作金庫 三興分行

銀行帳號 1405-717-327-091
戶名　恆兆文化有限公司

電話　02.27369882

傳真　02.27338407

股票超入門 第1集
技術分析篇
定價：249元

K線、移動平均線還有常聽到投顧老師
說的像是圓形底、M頭、跳空等等，初
學者一定要會的基本技術分析功力，作
者採圖解＋實例解說的方式為說明。是
每一位初入門者必學的基本功。

股票超入門 第2集
看盤選股篇
定價：249元

新手常常面臨到一個窘境，明明已經
練好功夫準備一展身手，一面對盤勢
時……天吶，數字跳來跳去，股票又上
千檔，我該如何下手呢？本書有詳細的
步驟範例，教你看盤＋選股。

股票超入門 第3集
基本分析篇
定價：249元

主要是討論企業的財務報表與如何計算公司的獲利能力與合理股價。雖然它不像線圖或消息面那樣受到散戶的重視，卻是任何一位投資者都必需具備的基本功，就像打拳得先練內力一樣。

股票超入門 第4集
當沖大王
定價：450元

面對市場的詭譎不定，不少投資人最後採取每天沖銷，既省事晚上又睡得好。然而，做當沖比一般投資更需要技術，尤其要完全摸透主力的心思。投資人需要的是高手的實戰典範，而非理論。

股票超入門 第5集
波段飆股
定價：399元

淺碟型的台股很難用國外長期投資的思維進行交易，而對一般非職業的投資人而言，短線又照顧不到，波段交易是最常見的投資策略。不全採多頭思維，看懂波段行情，一段一段多空都賺。

股票超入門 第6集

K線全解

定價：249元

K線，是初學股票者的第一塊敲門磚，但你過去所學的K線，有可能因為這本書而完全顛覆，最重要的原因是過去你所學的K線看圖法可能不夠「細」也不夠「活」，這是口碑超級好的一本書。

股票超入門 第7集

投資技巧

定價：249元

支撐與壓力的判斷、量與價的搭配，這兩大主題本書有詳細的解說。交易，不可能把把賺，但了解那一區塊是支撐那一區塊是壓力，其中成交量的變化如何，卻可以讓投資者大大提高勝率。

股票超入門 第8集
短線高手
定價：249元

本書著重在一位短線高手的「隔日沖」交易細節大公開，雖然這是一套很「有個性」的交易方法，但本書發行以來好評不斷，看到別人的交易方法，自己的交易思維可以進一步提升。

股票超入門 第10集

股票超入門 第9集
主力想的和你不一樣
定價：299元

作者以其自身的經歷與操盤經驗，白描他所認識的主力操盤思維。其中融合了一位與作者曾經很熟識的天王主力與作者訪問過的30位法人主力。創新的內容，是台股投資人不可或缺的一本書。

籌碼細節
定價：349元

新聞可以騙、線圖可以騙、投顧老師更不乏騙子之徒，所以，只要是高手，沒有不必然看籌碼的。至於怎麼看？「細節」才是重點!活逮主力、輕鬆搭轎，就從捉住籌碼細節開始。

融資融券

定價：249元

新手搞半天還是對融資融券一知半解嗎?這是台灣股票書史上,目前為止對於融資融券的實務介紹得最完整、資料最新的一本書。此外,有關資、券實戰一步一步的教授,沒有20年的操盤功力是絕對寫不出來的。

放空賺更多

定價：299元

2011年初,作者從台股盤面的幾個訊號,就已經預告當年台股是「放空年」。
你知道放空時機如何掌握嗎?作 者數十年的操盤經驗,教你如何捉準時機大賺放空財。

股票超入門 第13集

非贏不可

定價：399元

6個 投資逆轉勝的故事
沒有人天生就是交易贏家，編輯部以第
一人稱的敘述寫法，專訪六位期貨、股
票贏家，暢談他們從菜鳥期、學習期、
提升期到成熟期的交易心得與方法。

・國家圖書館出版品預行編目資料

一步一步拆解範例，沒理由不賺錢的股價圖學習提案 / imoney123編輯部編著.

-- 臺北市：　　　　　　　　　　　　　恆兆文化，2012.09

176面；17公分×23公分　　　　　　　（i世代投資；2）

ISBN 978-986-6489-37-2　（平裝）

1.股票投資　2.投資技術 3.投資分析

563.53　　　　　　　　　　　　　　　101016255

i 世代投資系列 2：

一步一步拆解範例，沒理由不賺錢的
股價圖學習提案

出 版 所　　　恆兆文化有限公司
　　　　　　　Heng Zhao Culture Co.LTD
　　　　　　　www.book2000.com.tw
發 行 人　　　張正
作 者　　　　imoney123編輯部
封 面 設 計　　王慧莉
責 任 編 輯　　文喜
插 畫　　　　韋懿容
電 話　　　　＋886-2-27369882
傳 真　　　　＋886-2-27338407
地 址　　　　台北市吳興街118巷25弄2號2樓
　　　　　　　110,2F,NO.2,ALLEY.25,LANE.118,WuXing St.,
　　　　　　　XinYi District,Taipei,R.O.China
出 版 日 期　　2012/10初版
I S B N　　　978-986-6489-37-2(平裝)
劃 撥 帳 號　　19329140　戶名　恆兆文化有限公司
定 價　　　　新台幣 249 元
總 經 銷　　　聯合發行股份有限公司　電話 02-29178022

特別銘謝：
本書採用之技術線圖與資料查詢畫面提供：
嘉實資訊股份有限公司

網址：http://www.xq.com.tw